Allitera Verlag

Beiträge zur Geschichtswissenschaft
Herausgegeben von Ernst Piper

Reihe Hamburger postkoloniale Studien, Band 3
Herausgegeben von Jürgen Zimmerer

Hier außerdem erschienen:

Band 1: Mara Müller, »Freiheit für Nelson Mandela«. Die Solidaritätskampagne in der Bundesrepublik Deutschland

Band 2: Malina Emmerink, Hamburger Kolonisationspläne 1840–1842. Karl Sievekings Traum einer »Deutschen Antipodenkolonie« im Südpazifik

Nils Schliehe

Deutsche Hilfe für Portugals Kolonialkrieg in Afrika

Die Bundesrepublik Deutschland
und der angolanische Unabhängigkeitskrieg 1961–1974

Allitera Verlag

Weitere Informationen über den Verlag und sein Programm unter:
www.allitera.de

Mai 2016
Allitera Verlag
Ein Verlag der Buch&media GmbH, München

Umschlaggestaltung: Kay Fretwurst, Freienbrink
Printed in Germany · ISBN 978-3-86906-873-2

Inhalt

Abkürzungsverzeichnis 7

Vorwort 9

Einleitung 11

1 Portugal, Angola und der Krieg in Afrika 17

2 Portugal und seine Verbündeten 21

2.1 USA 21

2.2 Großbritannien 25

2.3 Südafrika und Rhodesien 27

2.4 Frankreich 30

3 Die »Achse« Lissabon-Bonn 34

3.1 Deutsch-Portugiesische Beziehungen vor 1961 34

3.2 Die Bedeutung Afrikas und der portugiesischen Ultramar-Gebiete für die westdeutsche Außenpolitik 36

3.3 Die Diplomatie der Bundesrepublik und der innerdeutsche Diskurs, 1961–1974 38

3.4 Zusammenfassung 51

4 Die militärische Kooperation 54

4.1 Deutsche Hilfe beim Aufbau der portugiesischen Rüstungsindustrie 57

4.2 Der Luftwaffenstützpunkt Beja 68

4.3 Rüstungslieferungen 76

4.4 Die Endverbleibsklausel 88

4.5 Zusammenfassung 90

5 Die wirtschaftlichen Beziehungen 93

5.1 Die Bundesrepublik und die portugiesische Wirtschaft ... 94

5.2 Die Bundesrepublik und die Wirtschaft Angolas 98

5.3 Krupp und die Eisenerzminen von Cassinga 106
5.4 Die Staudammprojekte Cunene in Angola und Cabora Bassa in Moçambique 114
5.5 Zusammenfassung 119

Schlussbetrachtung 122

Quellen- und Literaturverzeichnis 128
Ungedruckte Quellen 128
Gedruckte Quellen 128

Abkürzungsverzeichnis

AA	Auswärtiges Amt
AAPD	Akten zur Auswärtigen Politik der Bundesrepublik Deutschland
BMVg	Bundesministerium der Verteidigung
BMWi	Bundesministerium für Wirtschaft und Energie
BMZ	Bundesministerium für wirtschaftliche Zusammenarbeit und Entwicklung
BSR	Bundessicherheitsrat
CDU	Christlich Demokratische Union Deutschlands
CML	*Companhia Mineira do Lobito*, Minengesellschaft von Lobito
CSU	Christlich-Soziale Union in Bayern
DDR	Deutsche Demokratische Republik
DGS	*Direção-Geral de Segurança*, Zentrale Sicherheitsdirektion
DM	Deutsche Mark
FES	Friedrich-Ebert-Stiftung
FMBP	*Fábrica Militar de Braço de Prata.* Militärische Fabrik von Braço de Prata
FNLA	*Frente Nacional de Libertação de Angola*, Nationale Befreiungsfront Angolas
FNMAL	*Fábrica Nacional de Munições de Armas Ligeiras*, Nationale Fabrik für Munition und leichte Waffen
FRELIMO	*Frente de Libertação de Moçambique*, Befreiungsfront von Moçambique
KfW	Kreditanstalt für Wiederaufbau
MPLA	*Movimento Popular de Libertação de Angola*, Volksbewegung zur Befreiung Angolas
NATO	*North Atlantic Treaty Organization*, Organisation des Nordatlantik-Vertrages
OGMA	*Oficinas Gerais de Material Aeronáutico*, Allgemeine Werkstatt für Luftfahrtmaterial
PAIGC	*Partido Africano para a Independência da Guiné e Cabo Verde*, Afrikanische Partei für die Unabhängigkeit von Guinea und Kap Verde
PIDE	*Polícia Internacional e de Defesa do Estado*, Internationale Polizei zum Schutz des Staates, 1969 umbenannt in DGS
SML	*Sociedade Mineira do Lucapa*, Minengesellschaft von Lucapa

SPD	Sozialdemokratische Partei Deutschlands
UNITA	*União Nacional para a Independência Total de Angola*, Nationale Union für die völlige Unabhängigkeit Angolas
UNO/UN	*United Nations Organization*, Organisation der Vereinten Nationen
UPA	*União das Populações de Angola*, Vereinigung der Bevölkerung Angolas, 1962 umbenannt in FNLA
USA	*United States of America*, Vereinigte Staaten von Amerika
ZDVP	*Zentrale Deutsche Verbindungsstelle in Portugal*

Vorwort

Bei der vorliegenden Untersuchung handelt es sich um meine Masterarbeit, die ich im Wintersemester 2014/2015 an der Universität Hamburg verfasst habe. Im Vergleich zu anderen wissenschaftlichen Werken handelt es sich hierbei also um ein eher »kleines« Projekt. Dennoch bin ich einer Vielzahl von Menschen zu großem Dank verpflichtet, ohne deren Hilfe diese Arbeit nicht geschrieben worden wäre. Mein Dank gilt der Karl-H.-Ditze-Stiftung, die mir ein Abschlussstipendium für das letzte Semester meines Studiums gewährte. Des Weiteren möchte ich mich bei den Mitarbeiter_innen des Politischen Archives des Auswärtigen Amtes (PA AA) bedanken, deren Hilfsbereitschaft mir die Recherche in ihrem Hause sehr erleichterte. Ich danke allen Kolleg_innen und Freund_innen, die mir mit Rat und Korrekturvorschlägen zur Seite standen. Selbstverständlich möchte ich auch Prof. Dr. Jürgen Zimmerer meinen Dank ausdrücken, der mein wissenschaftliches Interesse für die deutsch-portugiesische Geschichte geweckt hat und mir mit fachlichem Rat zur Seite stand. Ihm sowie PD Dr. Ernst Piper und dem Allitera Verlag danke ich dafür, die Veröffentlichung dieser Studie ermöglicht zu haben. Besonderer Dank gilt meinen Eltern Heiner und Ulrike Schliehe, deren Unterstützung mein Studium ermöglichte, und meiner Frau Sara, für unzählige Korrekturen und Ideen und ihre unendliche Hilfe.

Hamburg, Januar 2016

Einleitung

Über einen Zeitraum von 13 Jahren führte Portugal tausende Kilometer von der kolonialen Metropole entfernt Europas letzten Dekolonisierungskrieg. Von der Weltöffentlichkeit meist nur als Randnotiz vermerkt, versuchten Lissabons Soldaten, im Kampf mit afrikanischen Befreiungsbewegungen die Unabhängigkeit der portugiesischen Kolonien in Angola, Moçambique und Guinea-Bissau zu verhindern. In Portugal wird dem Krieg in Afrika heute als *Guerra Colonial* oder *Guerra do Ultramar* (Kolonial- oder Überseekrieg) gedacht, während er in den ehemaligen portugiesischen Kolonien meist als *Guerra de Libertação* (Befreiungskrieg) erinnert wird. Dieser Konflikt, der zahlreiche namenlose Opfer forderte, stellte für Portugal eine große militärische, wirtschaftliche und politische Herausforderung dar. 1974 wirkte der Krieg in einer Art »backlash« auf die koloniale Metropole zurück und die Nelkenrevolution brachte nicht nur die Unabhängigkeit für Portugals Kolonien, sondern beendete auch die vierzigjährige Diktatur des *Estado Novo.* Ein territorial kleines Land wie Portugal mit seinen begrenzten wirtschaftlichen Ressourcen war angesichts der enormen Kriegsanstrengungen und der Dauer des Konfliktes auf die Hilfe verbündeter Staaten angewiesen. Die Bundesrepublik Deutschland wird oft als einer der wichtigsten Partner Portugals während des Kolonialkriegs bezeichnet.[1] Doch wie genau gestalteten sich die deutsch-portugiesischen Beziehungen während des Krieges in Afrika?

Dieser Frage wird die folgende Untersuchung nachgehen. Der zeitliche Rahmen der Analyse konzentriert sich dabei auf die 13 Jahre vom Beginn des Krieges 1961 bis zur Nelkenrevolution und dem Ende des *Estado Novo* 1974. Ein räumlicher Fokus wird auf die portugiesische Kolonie Angola gelegt. In Angola kam es Anfang 1961 zu den ersten Gewaltausbrüchen, die heute allgemein als der Beginn des Krieges betrachtet werden. Die Kolonie war nicht nur die größte portugiesische »Überseeprovinz«, sondern verzeichnete auch den höchsten Anteil an

1 Vgl.: Telo, António José: As Guerras de África e a Mudança nos Apoios Internacionais de Portugal, S. 361–363, in: Nobre Vargues, Isabel (Hrsg.): Do Estado Novo ao 25 de Abril, Revista de História das Ideias, Bd. 16, Coimbra 1994, S. 347–369 und Fonseca, Ana Mónica; Marcos, Daniel: Portugal, a RFA e a França: O apoio internacional e a questão colonial portuguesa, S. 117–118, in: Bandeira Jerónimo, Miguel; Costa Pinto, António (Hrsg.): Portugal e o Fim do Colonialismo. Dimensões Internacionais, Lissabon 2014, S. 111–134.

europäischen Siedlern in der Zivilbevölkerung. Der Fokus auf Angola dient dazu, der Untersuchung einen angemessenen Rahmen zu ermöglichen. Dennoch wäre eine Analyse unvollständig, wenn die Ereignisse und Verhältnisse an den anderen Schauplätzen der Unabhängigkeitskriege, in Guinea-Bissau und Moçambique, vollständig außen vor gelassen würden. Sie fließen daher am Rande und als Hintergrund in die Arbeit ein. Im Fall des Cabora-Bassa-Staudammprojektes rückt sogar ein Aspekt des Krieges in Moçambique in den Mittelpunkt der Untersuchung, da dieser von besonderer Bedeutung für die deutsch-portugiesischen Beziehungen war.

Das grundlegende Erkenntnisinteresse der Arbeit gilt der Frage, wie sich die Kooperation zwischen Lissabon und Bonn gestaltete und wie wichtig sie für die portugiesischen Kriegsanstrengungen war. Welche Motive hatten die Regierungen in der Bundesrepublik Deutschland und Portugal für die bilaterale Zusammenarbeit? Welche Folgen hatte die Interaktion für Portugal, welche für Westdeutschland?

Anhand der Analyse der deutsch-portugiesischen Beziehungen vor dem Hintergrund des Krieges in Angola wird gezeigt, dass die Bundesrepublik – ohne als Konfliktpartei direkt am Krieg beteiligt gewesen zu sein – auf militärischer, wirtschaftlicher und politischer Ebene einen wichtigen Beitrag zu den portugiesischen Dekolonisierungskriegen leistete.

Die Methodik dafür ergibt sich im Sinne der situativen Theoriebildung[2] aus der Thematik und der Fragestellung. Um Rückschlüsse auf Motive, Hintergründe und Folgen der zwischenstaatlichen Beziehungen zu ermöglichen, müssen diese deskriptiv erfasst und analysiert werden. Da die Fragestellung auf die Bedeutung der deutsch-portugiesischen Verhältnisse für die Kriegsanstrengungen Portugals abzielt, ist also eine Untersuchung der für diesen Aspekt relevanten politischen, wirtschaftlichen und militärischen Beziehungen und Kontakte nötig. Ein Überblick über die Verbindungen Portugals zu seinen anderen westlichen Verbündeten soll als Referenz dienen, um die Bedeutung der Kooperation zwischen Bonn und Lissabon abzuschätzen.

Diese Untersuchung unterwirft sich, ähnlich wie viele zeitgeschichtliche Forschungsansätze, keinem großen theoretischen Überbau.[3] Die

[2] Vgl.: Haas, Stefan: Theoriemodelle der Zeitgeschichte, S. 80–81, in: Bösch, Frank; Danyel, Jürgen (Hrsg.): Zeitgeschichte – Konzepte und Methoden, Göttingen 2012, S. 67–83.

[3] Vgl.: Bösch, Frank; Danyel, Jürgen: Die Zeitgeschichtsforschung und ihre Me-

Arbeit ist als Grundlagenforschung konzipiert, weswegen auf eine theoretische Interpretation verzichtet wird. Die Analyse der Außenpolitik und zwischenstaatlichen Beziehungen ist ein politikhistorischer Ansatz, der von der modernen Geschichtswissenschaft sowohl innerhalb der klassischen Diplomatiegeschichte als auch in der transnationalen Geschichte verortet wird.[4] Die internationalen Beziehungen sind das Resultat vielseitiger Austauschprozesse, sodass ihre historische Analyse sich nicht auf die politischen Verbindungen in Form diplomatischer Beziehungen beschränken kann.[5] Um den Blick auf den Austausch von Rüstungsgütern im Rahmen der verteidigungspolitischen Kooperation und die wirtschaftlichen Verbindungen erweitern zu können, wird ergänzend ein wirtschaftshistorischer Ansatz herangezogen.

Die Analyse konzentriert sich damit auf »traditionelle«, politikhistorische Akteure: die bundesdeutsche und die portugiesische Regierung, in erster Linie vertreten durch die Regierungschefs und die jeweiligen Ministerien für Auswärtiges, Verteidigung und Wirtschaft. Dem angeschlossen finden auch die wirtschaftlichen Eliten und Militärs beider Länder als Profiteure oder Beteiligte Beachtung.

Mit dieser Arbeit wird nicht nur ein Beitrag zur Geschichte der deutsch-portugiesischen Beziehungen geleistet, sondern es soll auch ein Aspekt sowohl der westdeutschen als auch der portugiesischen Zeitgeschichte betrachtet werden. Die Kooperation zwischen Bonn und Lissabon ist ebenso in den breiten Kontext des Kalten Krieges einzuordnen, wie sie einen wichtigen Bestandteil der Geschichte des portugiesischen Kolonialkrieges beziehungsweise des angolanischen Unabhängigkeitskrieges darstellt. Im Grunde ließe sich die Untersuchung sogar als ein Aspekt eines Epilogs der deutschen Kolonialgeschichte lesen, denn obwohl selbst nicht als Kolonialmacht an der Dekolonisierungswelle der zweiten Hälfte des 20. Jahrhunderts beteiligt, hatte die Bundesrepublik durch die Verbindungen zur Kolonialmacht Portugal einen Anteil an diesem Prozess.

In der aktuellen bundesdeutschen Geschichtswissenschaft fand das Thema der deutsch-portugiesischen Verhältnisse während der Dekolonisierungskriege in Afrika bisher nahezu keine Beachtung. Dies unterstreicht die Notwendigkeit der Fragestellung und betont den Wert der

thoden, S. 16, in: Dies. (Hrsg.): Zeitgeschichte – Konzepte und Methoden, Göttingen 2012, S. 9–21.

4 Vgl.: Pernau, Margrit: Transnationale Geschichte, Göttingen 2011, S. 20–24.

5 Vgl.: Weisbrode, Kenneth: Old Diplomacy Revisited, New York/Houndmills 2014, S. 42.

wenigen in deutscher Sprache erschienenen Arbeiten. An erster Stelle ist hier Thomas Schroers politikwissenschaftliche Dissertation aus dem Jahre 1998 zu nennen, die die Entwicklung der Beziehungen zwischen Bonn und Lissabon von 1949 bis 1976 untersucht.[6] Des Weiteren möchte ich Bastian Hallbauer für die Bereitstellung seiner unveröffentlichten Dissertation danken. Hallbauer hat in seiner geschichtswissenschaftlichen Auseinandersetzung mit den deutsch-portugiesischen Beziehungen vor dem Hintergrund der Kriege in Afrika wichtige Quellen in portugiesischen und deutschen Archiven erschlossen.[7]

Der *Guerra do Ultramar* genießt in der portugiesischen Geschichtswissenschaft hingegen einen ganz anderen Stellenwert. Militärhistorische Untersuchungen waren die ersten Auseinandersetzungen mit der Endphase des portugiesischen Kolonialismus, die bereits wenige Jahre nach den Ereignissen veröffentlicht wurden. In den letzten zwei Jahrzehnten setzte in Portugal eine neue Phase der wissenschaftlichen Auseinandersetzung mit dem Ende des Kolonialreiches ein. Es erschienen zahlreiche detaillierte Arbeiten, die das Thema in einen breiteren Kontext einbetten und auch gesellschaftliche und politische Aspekte in den Vordergrund stellen. Portugals Beziehungen zu seinen westlichen Verbündeten stehen im Fokus einiger grundlegender Werke, die erst in jüngerer Vergangenheit publiziert wurden. Neben Daniel Marcos Forschung zu den französisch-portugiesischen Beziehungen[8] und der Untersuchung des Verhältnisses zwischen Großbritannien und Portugal von Pedro Aires Oliveira[9] erschienen auch zwei grundlegende Arbeiten zu den deutsch-portugiesischen Beziehungen. Ana Mónica Fonseca untersucht in ihrer 2007 erschienenen Monographie die erste Phase der Beziehungen zwischen Bonn und Lissabon von 1958 bis 1968.[10] Dem schließt sich Rui Lopes 2014 veröffentlichte Forschungsarbeit zur Spätphase der Beziehungen zwischen dem *Estado Novo* und der Bundes-

[6] Vgl.: Schroers, Thomas: Die Entwicklung der Beziehungen der Bundesrepublik Deutschland zur Portugiesischen Republik (1949–1976), Dissertation, Hamburg 1998.

[7] Vgl.: Hallbauer, Bastian: Die Beziehungen der Bundesrepublik Deutschland und Portugal im Zeitalter der Dekolonisation (1960–1974), unveröffentlichte Dissertation, Hamburg 2014.

[8] Vgl.: Marcos, Daniel: Salazar e de Gaulle – A França e a Questão Colonial Portuguesa (1958–1968), Lissabon 2007.

[9] Vgl.: Aires Oliveira, Pedro: Os Despojos da Aliança – A Grãe-Bretanha e a questão colonial portuguesa 1945–1975, Lissabon 2007.

[10] Vgl.: Fonseca, Ana Mónica: A Força das Armas – O Apoio da República Federal da Alemanha ao Estado Novo (1958–1968), Lissabon 2007.

republik von 1968 bis 1974 quasi nahtlos an.[11] Beide Arbeiten boten wichtige Grundlagen und Ansätze, die für diese Untersuchung sehr wertvoll waren.

Da das Auswärtige Amt (AA) den zentralen Akteur in den außenpolitischen Beziehungen der Bundesrepublik Deutschland darstellt, dienen die Akten dieses Bundesministeriums als wichtigste Quellengrundlage für die Analyse der Verbindungen zwischen der Bundesrepublik, Portugal und Angola. Im November 2014 hatte ich Gelegenheit im *Politischen Archiv des Auswärtigen Amtes* (PA AA) in Berlin, entsprechendes Material einzusehen. Einen weiteren wertvollen Zugang zu Quellenmaterial bot die vom AA und dem Institut für Zeitgeschichte in München publizierte Reihe *Akten zur Auswärtigen Politik der Bundesrepublik Deutschland* (AAPD), in der ausgewählte Schriftstücke ediert präsentiert werden. Ergänzend wurden für die Untersuchung zeitgenössische Publikationen, vor allem kritischer Natur, sowie portugiesische und deutsche Zeitungen und Medienberichte aus den 1960er- und 1970er-Jahren herangezogen.

Während Fonseca ihre Studie einer zeitlichen Einteilung unterwarf, gliederte Lopes seine Arbeit anhand thematischer Gesichtspunkte. Auch die vorliegende Untersuchung orientiert sich in erster Linie an einer Gliederung nach Themenfeldern. Da viele Prozesse und Ereignisse zeitgleich oder überschneidend stattfanden, ist so eine detaillierte Betrachtung einzelner Aspekte möglich. Innerhalb der einzelnen Kapitel wird eine gewisse Chronologie eingehalten, um die Entwicklung der deutsch-portugiesischen Beziehungen nachvollziehen zu können. Daraus ergibt sich folgende Gliederung der Arbeit:

In Kapitel 1 soll ein kurzer Abriss des Unabhängigkeits-/Kolonialkrieges helfen, um die im weiteren Verlauf behandelten Ereignisse und Prozesse zeitlich zu verorten. Diese Arbeit ist kein historischer Vergleich, aber um die Bedeutung der deutsch-portugiesischen Beziehungen abschätzen zu können ist es hilfreich und nötig, diese in Relation zu Portugals Verhältnissen zu anderen westlichen Staaten zu setzen. In Kapitel 2 folgt daher ein Überblick über die Beziehung Lissabons zu seinen anderen Verbündeten.

Kapitel 3 befasst sich mit den politischen Beziehungen zwischen Bonn und Lissabon. Zunächst wird die Entstehung der deutsch-portugiesischen Kooperation nachgezeichnet. Anschließend soll das

[11] Vgl.: Lopes, Rui: West Germany and the Portuguese Dictatorship, 1968–1974, Hampshire 2014.

politische Verhältnis der Bundesrepublik zu den jungen Staaten des afrikanischen Kontinents umrissen werden, um das Dilemma der bundesdeutschen Außenpolitik im Spannungsfeld zwischen den unabhängigen Staaten des sogenannten »afro-asiatischen Blocks« und den Beziehungen zu Portugal aufzuzeigen. Der nächste Abschnitt betrachtet dann die politische Position der Bundesregierung gegenüber Portugal und dem Krieg in Afrika und den Diskurs innerhalb der bundesdeutschen Gesellschaft.

Das folgende Kapitel 4 beschäftigt sich mit der militärischen Zusammenarbeit. In den 1960er-Jahren entstand eine enge militärische Partnerschaft zwischen den Regierungen in Bonn und Lissabon, die für die portugiesischen Kriegsanstrengungen von grundlegender Bedeutung war. Kapitel 5 untersucht im Anschluss die wirtschaftlichen Beziehungen sowohl zwischen der Bundesrepublik und Portugal als auch zwischen Westdeutschland und Angola. Dabei werden zwei Fallbeispiele näher betrachtet: zum einen das Geschäft des deutschen Stahlkonzerns *Krupp* mit den Eisenerzminen in Cassinga und zum anderen die Beteiligung deutscher Unternehmen an Staudammprojekten wie dem *Cunene-River*-Projekt in Angola und dem *Cabora-Bassa*-Staudamm in Moçambique. In einer abschließenden Betrachtung werden die Ergebnisse der Untersuchung zusammengetragen.

Viele Orte in den (ehemaligen) portugiesischen Kolonien wurden nach Erlangung der Unabhängigkeit umbenannt, um die allgegenwärtige koloniale Prägung des Raums zu brechen. Der Einfachheit halber werden im Folgenden die zeitgenössischen Städte- und Ortsnamen verwendet und bei der Erstnennung die heutigen Bezeichnungen in Klammern angegeben. Bei wichtigen Schlüsselbegriffen und Namen wurde die portugiesische Schreibweise beibehalten und sie werden bei Erstnennung übersetzt. So zum Beispiel die portugiesische Schreibweise für Moçambique und der Begriff *ultramar*, der wörtlich übersetzt »Übersee« bedeutet und nahezu synonym für »kolonial« verwendet wurde. Nicht näher definierte Gruppenbezeichnungen wie beispielsweise »Soldaten« werden der Einfachheit halber im maskulinen Plural verwendet, obwohl damit Gruppenangehörige aller Geschlechter gemeint sind. Wenn möglich, werden Geldbeträge in der damaligen bundesdeutschen Währung *Deutsche Mark* (DM) angegeben.

1 Portugal, Angola und der Krieg in Afrika

Im Zuge der portugiesischen Überseeexpansion und der Suche nach dem Seeweg nach Indien landeten portugiesische Seefahrer Ende des 15. Jahrhunderts auch an der Küste des heutigen Angolas. In den folgenden Jahrhunderten dienten die portugiesischen Siedlungen vor Ort jedoch fast ausschließlich dem transatlantischen Sklavenhandel und erst die Unabhängigkeit Brasiliens 1822 ließ Angola zum neuen »Kronjuwel« des portugiesischen Kolonialreichs werden.[12]

Im 19. Jahrhundert wurde die Besiedlung durch Europäer forciert. Eine effektive Herrschaft über das beanspruchte Gebiet, die wirtschaftliche Entwicklung sowie Pläne, die portugiesischen Territorien in Angola und Moçambique zu einer geschlossenen Kolonie im südlichen Afrika zu vereinen, scheiterten an der Schwäche des portugiesischen Imperiums und dem Einfluss der anderen europäischen Kolonialmächte.[13]

Im Eindruck der beginnenden Dekolonisation wurde 1951 mit dem *Acto Colonial* eine Politik der Assimilation in Gang gesetzt, die den vom brasilianischen Soziologen Gilberto Freyre geprägten Begriff des *luso-tropicalismo* zur Doktrin erklärte. Die Kolonien wurden zu »Überseeprovinzen« erklärt, die zusammen mit der Metropole eine geeinte Nation bilden sollten.[14] Dem erklärten Ziel der Assimilation

[12] Vgl.: Bernecker, Walther L.; Pietschmann, Horst: Geschichte Portugals – Vom Spätmittelalter bis zur Gegenwart, 3. aktualisierte u. erweiterte Aufl., München 2014, S. 32. Ein Überblick zur portugiesischen Expansion in Afrika bietet Thornton, John K.: The Portuguese in Africa, in: Bethencourt, Francisco; Ramada Curto, Diogo (Hrsg.): Portuguese Oceanic Expansion 1400–1800, Cambridge 2007, S. 138–160 und Heintze, Beatrix: Studien zur Geschichte Angolas im 16. und 17. Jahrhundert, Köln 1996. Zur Entwicklung des Sklavenhandels vgl. Russell-Wood, A. J. R.: Iberian Expansion and the Issue of Black Slavery: Changing Portuguese Attitudes 1440–1770, in: The American Historical Review, Bd. 83, Nr. 1 (1978), S. 16–42.

[13] Vgl.: Bernecker; Pietschmann, S. 92. Zur wirtschaftlichen Entwicklung der portugiesischen Kolonien im 19. und 20. Jahrhundert vgl. auch Clarence-Smith, Gervase: The third Portuguese empire 1825–1975. A study in economic imperialism, Manchester 1985.

[14] Vgl.: Alexandre, Valentim: O Império Colonial, S. 82, in: Pinto, António Costa (Hrsg.): Portugal contemporâneo, Lissabon 2004, S. 67–87. Der luso-tropicalismo-Theorie des brasilianischen Soziologen Gilberto Freyre zufolge waren die Portugiesen besser als andere europäische Kolonialmächte dazu geeignet eine plurale, multikulturelle und multiethnische Gesellschaft zu bilden. Unter Salazar wurde dies zusammen mit dem starken Glauben an eine Zivilisierungsmission als

wurde jedoch durch den *Estatuto dos Indígenas* (Eingeborenenstatut) entgegengewirkt. Dieses Gesetz schrieb Voraussetzungen für die Erlangung der portugiesischen Staatsbürgerschaft vor, die dadurch der großen Mehrheit der afrikanischen Bevölkerung verwehrt blieb. Als infolge des Kriegsausbruchs 1961 das Gesetz abgeschafft wurde, waren gerade einmal 0,8 % der Bevölkerung Angolas *assimiladores* (Assimilierte) und damit gleichgestellte Staatsbürger.[15]

Zu Beginn des Jahres 1961 wurde Angola von Gewaltausbrüchen erschüttert. Streiks und Aufstände unter der ländlichen Bevölkerung der Baumwollanbaugebiete im Norden und schwere Unruhen in Luanda wurden von portugiesischen Sicherheitskräften und europäischen Milizen niedergeschlagen, wobei zahlreiche Afrikaner ums Leben kamen.[16] Am 22. Januar kaperte eine Gruppe portugiesischer Oppositioneller um den ehemaligen Offizier und Kolonialbeamten Henrique Galvão in der Karibik das portugiesische Kreuzfahrtschiff »Santa Maria«. Sie setzten Kurs nach Luanda, um dort einen Aufstand gegen das Salazar-Regime in Gang zu bringen. Die Weltpresse berichtete über den Vorfall. Nach Verhandlungen endete die Fahrt der Santa Maria jedoch im Hafen von Recife und Galvão und seine Männer bekamen politisches Asyl in Brasilien.[17]

Im März 1961 kam es unter der Führung der UPA im Norden Angolas zu einer breiten Revolte gegen die Kolonialmacht. Trotz der vorhergehenden Ereignisse traf dies die Portugiesen nahezu unvorbereitet. Für den massiven militärischen Gegenschlag mussten zunächst Truppen aus Europa herangeführt werden. Im Zuge des Aufstandes und in den folgenden Monaten der Gewalt wurden mehrere hundert Europäer und circa 20.000 Afrikaner getötet.[18] Dieses Ereignis wird zumeist als der Beginn des Krieges in Angola gewertet.

Begleitet vom Auftakt der bewaffneten Befreiungskämpfe der PAIGC in Guinea-Bissau 1963 und der FRELIMO in Moçambique 1964 entwickelte sich in Angola ein Guerillakrieg mit vielen Fronten.

Legitimation für die portugiesische Kolonialherrschaft genutzt. Vgl. dazu Castelo, Cláudia: »O Modo Portugues de Estar do Mundo«. O luso-tropicalismo e ideologia colonial portuguesa (1933–1961), Porto 1999.

15 Vgl.: Alexandre. S. 83.

16 Vgl.: Marcum, John: The Angolan Revolution, Vol. I.: The Anatomy of an Explosion (1950–1962), Cambridge 1969, S. 124–125 und 128–129.

17 Vgl.: Ebd., S. 124–127. Zur Berichterstattung vgl. beispielsweise den Artikel »Phase Eins« vom 01. Februar 1961, in: DER SPIEGEL 1961/6.

18 Vgl.: Marcum, S. 140–144 und Afonso, Aniceto; Gomes, Carlos de Matos: Guerra Colonial, 2. Aufl., Lissabon 2000, S. 24–27 und 38–41.

Im Gegensatz zu den anderen portugiesischen Kolonien gab es in Angola keine einheitliche Befreiungsfront. Die drei rivalisierenden Kräfte UPA/FNLA, MPLA und ab 1966 die UNITA kämpften nicht nur gegen die Portugiesen, sondern auch gegeneinander.[19] Im Dezember 1961 wurde dem portugiesischen Kolonialreich ein weiterer Schlag versetzt. Überlegene indische Truppen eroberten die portugiesischen Kolonien Goa, Diu und Damão und beendeten damit nach fast 500 Jahren Portugals koloniale Präsenz in Indien.[20]

Dies verhärtete die Position der portugiesischen Regierung in der Kolonialfrage. Lissabon antwortete auf den Ausbruch der Gewalt in Afrika 1961 mit massiver militärischer Vergeltung, verstärktem Nationalismus und der Abschaffung des *Estatuto dos Indígenas* und der Zwangsarbeit in den Kolonien, um der sozialen Basis des Befreiungskampfes und der internationalen Kritik entgegenzuwirken. Die Kolonien wurden für ausländisches Kapital geöffnet, um die Wirtschaft zu fördern und Infrastrukturprojekte zu finanzieren. Dadurch sollten die Lebensbedingungen der Bevölkerung verbessert und die Kosten des Krieges kompensiert werden.[21] Während sich der Krieg vor allem in Guinea, aber auch in Moçambique, für die Portugiesen militärisch ungünstig entwickelte, hatten Lissabons Streitkräfte die militärische Situation in Angola Anfang der 1970er-Jahre weitgehend unter Kontrolle.[22]

Die Militarisierung der portugiesischen Gesellschaft, die wirtschaftlichen Probleme und das Ausbleiben grundlegender Reformen auch nach dem Regierungswechsel von Salazar zu Marcelo Caetano 1968 sorgten in der Metropole für Unmut. Seit den 1960er-Jahren suchte Portugal den Anschluss an Europa, sodass sich Teile der Eliten die Frage stellten, wo Portugals Zukunft lag – in Afrika und den Kolonien oder in Europa?[23] Eine Gruppe junger Offiziere betrachtete den Krieg als militärisch nicht zu gewinnen und putschte daher am 20. April 1974 gegen das Regime. Die Nelkenrevolution beendete damit nicht nur die vierzigjährige Diktatur in Portugal, sondern auch 13 Jahre blutigen Krieges in Afrika. Im Laufe des Jahres 1975 wurden Guinea-

[19] Vgl.: Pimenta, Fernando Tavares: Portugal e o Século XX. Estado-Império e Descolonização (1890–1975), Porto 2010, S. 105 und 114.

[20] Vgl.: Cann, John P.: Counterinsurgency in Africa. The Portuguese Way of War, 1961–1974, Westport 1997, S. 30–31.

[21] Vgl.: Alexandre, S. 81 und 83.

[22] Vgl.: Pimenta, S. 129–130 und Afonso; Gomes, S. 74, S. 102–103 und 137.

[23] Vgl.: Teixeira, Nuno Severiano: Entre a África e a Europa: A Politica Externa Portuguesa, 1890–2000, S. 112, in: Costa, António (Hrsg.): Portugal contemporâneo, Lissabon 2004, S. 87–116.

Bissau, Cabo Verde, São Tomé und Principe, Moçambique und Angola endgültig von Portugal unabhängig.[24]

[24] Vgl. dazu Kapitel 6 »O 25 de Abril e o fim do Império (1974–1975)«, in: Pimenta, S. 129–156.

2 Portugal und seine Verbündeten

»Das ist der positive Gewinn dieses Kampfes, in dem wir – die europäischen und afrikanischen Portugiesen – ohne Spektakel und ohne Allianzen stolz allein kämpfen.«[25] So beschrieb Salazar zu Beginn des Jahres 1965 den Kampf der Portugiesen für »ihre« Überseegebiete. Doch entgegen Salazars Darstellungen stand Portugal nicht »stolz allein« da, sondern war dringend auf die Unterstützung seiner Verbündeten angewiesen. Die folgenden Abschnitte sollen einen Überblick über die Verhältnisse Lissabons zu seinen westlichen Bündnispartnern während der Zeit des Kolonialkrieges geben.

2.1 USA

In den Jahren nach dem Zweiten Weltkrieg hatte Washington sich zu einem der engsten Verbündeten Lissabons entwickelt. Diese, von den strategischen Interessen der USA geprägte Beziehung sollte durch John F. Kennedys Kritik an Portugals Ultramar-Politik Anfang der 1960er-Jahre jedoch getrübt werden.

Obwohl sich Portugal während des Zweiten Weltkrieges für neutral erklärte, gewährte Lissabon 1943 Großbritannien und 1944 den USA den Aufbau von Luftwaffenstützpunkten auf den Azoren. Dass das Verhältnis zwischen dem Salazar-Regime und den anglo-amerikanischen Verbündeten schwierig war, machte spätestens ein Ereignis im Mai 1945 deutlich: Als Salazar vom Tod Hitlers erfuhr, ordnete er Staatstrauer und Halbmastbeflaggung an, worauf die Alliierten sehr empört reagierten.[26]

Wegen der Azoren-Stützpunkte ging Lissabon trotz der Sympathien für NS-Deutschland mit guten Beziehungen zu den USA und Großbritannien aus dem Zweiten Weltkrieg hervor und strebte ein multilaterales Bündnis an. Diese Bemühungen mündeten 1949 in der

[25] António de Oliveira Salazar am 18. Februar 1965, zitiert nach Torgal, Luís Reis: Salazarimso, Alemanha e Europa. Discursos políticos e culturais, S. 82, in: Nobre Vargues, Isabel (Hrsg.): Do Estado Novo ao 25 de Abril, Revista de História das Ideias, Bd. 16, Coimbra 1994, S. 73–104. »Eis o ganho positivo desta batalha em que – os portugueses europeus e africanos – combatemos sem espectáculo e sem alianças, orgulhosamente sós«, eigene Übersetzung.

[26] Vgl.: Aires Oliveira, S. 37–39 und Schroers, S. 19.

Unterzeichnung des Nordatlantikpaktes (NATO). Aufgrund seiner geostrategischen Lage am Südwestzipfel Europas, seiner atlantischen Inseln und überseeischen Besitzungen wurde Portugal ein Gründungsmitglied der Allianz.[27]

Lissabon und Washington entwickelten in den 1950er-Jahren im Rahmen des Marshall-Plans und der NATO wirtschaftliche und verteidigungspolitische Kontakte.[28] Eine erste Erschütterung dieses Verhältnisses erfolgte während der Suezkrise 1956, als die USA das militärische Vorgehen Großbritanniens und Frankreichs gegen Ägypten stark kritisierten. In Portugal war man bestürzt über Washingtons Einmischung in die »kolonialen Angelegenheiten« der europäischen Verbündeten.[29]

1951 hatte Portugal ein bilaterales Verteidigungsabkommen mit den USA geschlossen, das auch mit dem Vertrag über die Azoren-Basis verknüpft war. Eine 1958 gestellte Anfrage Lissabons für den Kauf moderner Hubschrauber und Flugzeuge wurde von den USA abgelehnt. Daher sahen sich die Portugiesen nach Alternativen in Europa um.[30] Eine weitere Störung des portugiesisch-amerikanischen Verhältnisses brachte die »Santa Maria«-Affäre mit sich. Washington kam der portugiesischen Bitte nach einem militärischen Eingreifen nicht nach, sondern unterstützte eine Verhandlungslösung und politisches Asyl für Henrique Galvão und seine Mitstreiter in Brasilien.[31]

Als John F. Kennedy Anfang 1961 sein Amt als US-Präsident antrat, begann auch eine neue Phase der US-Außenpolitik. Mit dem Konzept der »New Frontier« wollte Washington auf die jungen unabhängigen Staaten Afrikas und Asiens zugehen, um sie für das pro-westliche Lager zu gewinnen.[32] Bis 1961 hatten die USA in der UNO stets hinter Portugal gestanden. Um nicht von Kolonien zu sprechen, benutzten die US-Vertreter den Begriff »portuguese territories« und votierten bei der Abstimmung im Sinne Portugals. Für großes Aufsehen in den USA und Portugal sorgte daher am 15. März 1961 die Zustimmung

27 Vgl.: Telo, As Guerras de África, S. 352.

28 Vgl.: Ebd., S. 354.

29 Vgl.: Leimgruber, Walter: Kalter Krieg um Afrika – Die amerikanische Afrikapolitik unter Präsident Kennedy 1961–1963, Stuttgart 1990, S. 22–23 und Telo, As Guerras de África, S. 357–357.

30 Vgl.: Telo, António José: Portugal e a NATO: o reencontro da tradição atlântica, Lissabon 1996, S. 322–325.

31 Vgl.: Leimgruber, S. 93–94.

32 Vgl.: Leimgruber, S. 34–38 und Schneidman, Witney W.: Engaging Africa: Washington and the Fall of Portugal's Colonial Empire, Lanham 2004, S. 12–13.

der US-Vertreter zu einer Resolution im UN-Sicherheitsrat, die das portugiesische Vorgehen in Angola verurteilte. Salazar war geschockt und fühlte sich von Kennedy und der US-Regierung verraten. In Lissabon und Luanda kam es zu antiamerikanischen Demonstrationen und Ausschreitungen.[33] Im April 1961 und Januar 1962 stimmten die USA in der Generalversammlung der UN erneut für Resolutionen, die Portugal aufforderten, Angola die Unabhängigkeit zu gewähren.[34]

Salazar, der dem US-Gesellschaftsmodell kritisch gegenüberstand und den Einfluss der US-amerikanischen Wirtschaft fürchtete, machte Washington auch für den erfolglosen Putschversuch des portugiesischen Verteidigungsministers Bothelo Moniz im April 1961 mitverantwortlich, da dieser Kontakt zur US-Botschaft geknüpft hatte.[35] Auch während der Goa-Invasion Ende 1961 blieben die USA untätig, sodass die portugiesisch-amerikanischen Beziehungen 1962 ihren Tiefpunkt erreichten.[36]

Ähnlich entwickelte sich auch die militärische Zusammenarbeit. Während der 1950er-Jahre zahlte Washington großzügige Militärhilfe an Lissabon, die einen Großteil des Verteidigungshaushaltes ausmachte, und lieferte wichtiges Material. Die US-Militärhilfe machte 1961 ein Drittel des portugiesischen Verteidigungshaushaltes aus.[37] Mit dem Kriegsausbruch 1961 wurde auch US-Rüstungsmaterial von Portugal nach Angola geschickt und dort eingesetzt. Kennedy stoppte daraufhin die Waffenlieferungen und verlangte von Portugal, alle kommerziell oder im Rahmen von militärischen Hilfsprogrammen erworbenen US-Waffen nur im NATO-Bereich und nicht in Angola einzusetzen. Als die internationale Presse über den Einsatz von US-Flugzeugen durch die Portugiesen berichtete und dies in der UNO thematisiert wurde, forderte Washington auch öffentlich den Abzug der betreffenden Maschinen aus Angola.[38]

Ein grundlegendes strategisches Interesse der USA an Portugal war der US-Luftwaffenstützpunkt Lajes auf den Azoren, der Anfang der 1960er-Jahre rund 75 % der Transatlantikflüge des US-Militärs

[33] Vgl.: Ebd. Die Resolution wurde jedoch nicht angenommen, da bei fünf Ja-Stimmen und sechs Enthaltungen keine erforderliche Mehrheit von sieben Ja-Stimmen zustande kam.

[34] Vgl.: Schneidman, S. 15–16 und Marcum, S. 268.

[35] Vgl.: Schneidman, S. 18–19 und Leimgruber S. 99–100.

[36] Vgl.: Schneidman, S. 30.

[37] Vgl.: Leimgruber S. 102.

[38] Vgl.: Schneidman, S. 26–28 und Leimgruber, S. 105.

abfertigte. Da Ende 1962 der Pachtvertrag auslief, gewährte Lissabon zunächst ohne Vertragsbasis die weitere Nutzung, wodurch Washington vom portugiesischen Wohlwollen abhängig wurde.[39] Prompt stimmten die USA im Dezember 1962 zusammen mit anderen NATO-Ländern in der UN-Generalversammlung gegen eine Portugal-kritische Resolution.[40] Unter Präsident Lyndon B. Johnson standen Portugal und der Krieg in Afrika nicht auf der Agenda der US-Außenpolitik. Mitte der 1960er-Jahre zahlte Washington auch wieder Militärhilfe. 1965 versuchte die CIA in einem kuriosen Coup dem Salazar-Regime 20 B-26-Bomber für den Einsatz in Afrika zukommen zu lassen. Nach der Lieferung von sieben Flugzeugen flog der Deal jedoch auf und die US-Regierung bestritt jegliche Beteiligung. Die USA lieferten aber weiterhin Ersatzteile an Portugal und halfen bei der Ausbildung von Offizieren.[41]

Ende der 1960er-Jahre waren 30 US-amerikanische Firmen in Angola und Moçambique tätig. Der jährliche Umfang des Handels mit Angola hatte sich von 1963 bis 1968 verdoppelt und 1970 betrugen die US-Investitionen in Angola circa 376 Mio. US-Dollar. Insbesondere die an den angolanischen Erdölreserven interessierte *Gulf Oil Company* trat als größter Einzelinvestor hervor.[42] US-amerikanische Banken beteiligten sich an der Finanzierung diverser Infrastrukturprojekte in Angola und die USA waren einer der größten Abnehmer angolanischer Exporte, vor allem von Kaffee.[43]

Unter Präsident Nixon änderte sich die US-Politik gegenüber Lissabons Krieg in Afrika. Er betrachtete Portugal als einen Stabilitätsfaktor für das südliche Afrika und Bollwerk gegen den Kommunismus. Ab 1970 wurden »Dual-Use«-Güter den Portugiesen fast ohne Restriktionen zugänglich gemacht. So erwarb die portugiesische Luftwaffe zum Beispiel Flugzeuge von *Boeing*, die sie für den Transport von Truppen nach Afrika nutzte.[44]

Ende 1973 benötigten die USA die Azoren-Basis für eine Luftbrü-

39 Vgl.: Telo, Portugal e a NATO, S. 115 und Schneidman, S. 30 und 36.
40 Vgl.: Leimgruber, S. 111 und Marcum, S. 268.
41 Vgl.: Schneidman, S. 69–73 und 97–99.
42 Vgl.: Ebd., S. 99 und 124.
43 Vgl.: Minter, William: Portuguese Africa and the West, Harmondsworth 1972, S. 114–115 und 120 und El-Khawas, Mohamed: Foreign Economic Involvement in Angola and Mozambique, S. 24–26, in: Issue: A Journal of Opinion, Bd. 4, Nr. 2 (1974), S. 21–28.
44 Vgl.: Schneidman, S. 112 und 121–122.

cke, um das in einem Krieg mit seinen arabischen Nachbarn bedrängte Israel zu unterstützen. Unter dem Eindruck der Ölkrise war Portugal der einzige NATO-Staat, der den USA die Überflugrechte gewährte. Als Kompensation gab es in Washington Anfang 1974 Pläne, das Waffenembargo weiter zu lockern. Doch bevor es dazu kam, beendete die Nelkenrevolution den *Estado Novo* und damit auch den Krieg in Afrika. Die US-Regierung wurde von diesen Ereignissen völlig überrascht.[45]

2.2 Großbritannien

Die portugiesisch-britischen Beziehungen hatten Mitte des 20. Jahrhunderts bereits eine fast 600-jährige Geschichte und Tradition.[46] Dennoch erlebte das Verhältnis zwischen Großbritannien und Portugal während der Kriege in Afrika eine erhebliche Abkühlung.

Im Laufe der Jahrhunderte hatte sich ein stabiles Bündnis zwischen den britischen Inseln und Portugal entwickelt. Der »Scramble for Africa« Ende des 19. Jahrhunderts setzte das portugiesische Kolonialreich zunehmend unter Druck, sodass Lissabon versuchte, sich mit Großbritannien zu arrangieren und noch enger zu verbünden.[47] Grundlegend für das Verhältnis war der große wirtschaftliche Einfluss Großbritanniens in Portugal und die ausgeprägte Anglophilie der portugiesischen Eliten.[48] Die Sympathien des Salazar-Regimes für NS-Deutschland und die von Pendelpolitik geprägte Neutralität Portugals während des Zweiten Weltkrieges belasteten das Verhältnis mit London. Dennoch errichtete Großbritannien ab 1943 zusammen mit den USA Stützpunkte auf den Azoren.[49]

Nach dem Krieg normalisierten sich die Verhältnisse und der Antikommunismus stellte sich als einigender Faktor heraus. Großbritannien unterstützte Lissabons NATO-Mitgliedschaft und setzte sich für den UN-Beitritt Portugals 1955 ein. Ein Großteil der britischen Presse stellte das Salazar-Regime als eine »weniger schlimme« Diktatur dar, um die freundschaftlichen Beziehungen mit Lissabon zu legitimieren.[50]

45 Vgl.: Ebd., S. 134–136 und 139–140.
46 Vgl.: Aires Oliveira, S. 390.
47 Vgl.: Ebd., S. 27–28 und 31.
48 Vgl.: Ebd., S. 33–36.
49 Vgl.: Ebd., S. 37–39.
50 Vgl.: Ebd., S. 49–55.

Während des Wiederaufbaus nach dem Zweiten Weltkrieg fand die britische Wirtschaft dringend benötigte, günstige Rohstoffe in den eigenen und den portugiesischen Kolonien in Afrika. London investierte in Angola und Moçambique und mithilfe britischen Kapitals wurde ab Ende der 1940er-Jahre vor allem der Transportsektor modernisiert, so zum Beispiel die strategisch wichtigen Eisenbahnverbindungen durch die portugiesischen Kolonien ins britische Rhodesien und Njassaland (heute Malawi).[51] Gleichzeitig wurde mit der Unabhängigkeit Indiens 1947 die Dekolonisation des britischen Empires eingeläutet. Der oft zitierte »Wind of Change« lag in der Luft und die Briten berieten mit Franzosen und Belgiern bereits ab Ende der 1940er-Jahre über die Selbstständigkeit ihrer Kolonien in Afrika. Portugal wurde aufgrund der als rückständig empfundenen Kolonialherrschaft in seinen afrikanischen Territorien von diesen Beratungen ausgeschlossen. Auch die britische Presse zeigte sich Ende der 1950er-Jahre kritischer gegenüber Lissabons Ultramar-Politik.[52] In den Vereinten Nationen hingegen versuchte Großbritannien, Portugal-kritische Resolutionen durch Vetos und Enthaltungen zu verhindern. Während der »Santa Maria«-Affäre hielt London sich zurück, was für Enttäuschung in Lissabon sorgte.[53]

Mit dem Gewaltausbruch in Angola Anfang 1961 und der zunehmend Portugal-kritischen Haltung der USA geriet auch Großbritannien unter Druck. London versuchte fortan, eine Politik zu betreiben, die einerseits den USA, den Commonwealth-Staaten und dem »afroasiatischen Block« zusagte und andererseits die Beziehung zu Portugal nicht zu sehr belastete. Das Salazar-Regime zeigte sich besonders von der britischen Zurückhaltung während der Eroberung Goas durch Indien enttäuscht. Ende der 1960er-Jahre erreichten die portugiesisch-britischen Beziehungen ihren Tiefpunkt.[54]

Im Rahmen der NATO war Großbritannien vor 1961 ein wichtiger Lieferant von Rüstungsmaterial für Portugal gewesen, doch der Verkauf zweier Fregatten an die portugiesische Marine im Juni 1961 sorgte für viel Kritik. Das britische Militär betrachtete Portugal und seine Kolonien als strategisch wichtige Stützpunkte und unterhielt Flughäfen auf den Azoren und Kap Verde.[55] Um gute Beziehungen zu wahren, plädierte man von militärischer Seite für Rüstungslieferungen an Por-

[51] Vgl.: Ebd., S. 58–62 und 64.
[52] Vgl.: Ebd., S. 66–68 und 173.
[53] Vgl.: Ebd., S. 200–214 und S. 221–225.
[54] Vgl.: Ebd., S. 230–232, 283–284, 320–322 und 346.
[55] Vgl.: Ebd., S. 252–253 und 290.

tugal, während sich das Außenministerium mit Hinblick auf die Beziehungen zu den Commonwealth-Staaten dagegen aussprach. Letztere Stimmen konnten sich durchsetzen – London lieferte ab Anfang der 1960er-Jahre nur noch Material, das sich für den Einsatz in der Metropole im Zweck der NATO eignete, und verlangte eine Garantie für den Verbleib der Waffen in Europa. »Dual-Use«-Güter (zum Beispiel Geländefahrzeuge) wurden zunächst weiter geliefert und Ausfuhrverbote durch Lizenzfertigung umgangen.[56] Die UNO rief 1963 ein Waffenembargo gegen Portugal aus. Damit endeten auch die britischen Rüstungsexporte. 1971 wurde mit dem Export von 70 leichten Transportflugzeugen eine Ausnahme gemacht, um die Herstellerfirma vor dem Ruin zu bewahren.[57]

Britische Unternehmen und Investoren spielten traditionell eine große Rolle in der portugiesischen Wirtschaft und Großbritannien war ein wichtiger Handelspartner der portugiesischen Metropole. Zwar war Großbritannien auch ein wichtiger Importeur in Angola, jedoch gab es wenige Investitionen und britische Firmen vor Ort. In der zweiten Hälfte der 1960er-Jahre wurde die britische Wirtschaft von den USA und der Bundesrepublik Deutschland als zweitwichtigster Lieferant Angolas abgelöst. Als Abnehmer angolanischer Waren spielten die Briten keine wichtige Rolle.[58]

2.3 Südafrika und Rhodesien

Neben den NATO-Verbündeten kooperierte Portugal auch mit den »weißen« Staaten des südlichen Afrikas. Um sich von unabhängigen »schwarzen« Staaten und den im Exil agierenden Befreiungsbewegungen abzuschirmen, befürworteten die von den europäisch-stämmigen Minderheiten geführten Regime in Rhodesien und Südafrika in den 1960er- und 1970er-Jahren den Verbleib Angolas und Moçambiques unter der Herrschaft Lissabons und unterstützten die portugiesischen Kriegsanstrengungen. Grundlegend für diese Kooperation war das

[56] Vgl.: Ebd., S. 254–256 und Minter, S. 133. So wurde zum Beispiel eine begrenzte Anzahl leichter Transportflugzeuge des britischen Herstellers Auster in Portugal bei OGMA in Lizenz gefertigt.

[57] Vgl.: Aires Oliveira, S. 300–303 und 386–387.

[58] Vgl.: Ebd., S. 364, 373 und 384 sowie Minter, S. 132. Vgl. bis zum Jahr 1965 dazu auch Statistisches Bundesamt Wiesbaden: Aussenhandel – Reihe 8 Aussenhandel des Auslandes: Angola, Stuttgart/Mainz 1967, S. 9.

Selbstverständnis der drei Regime als Verteidiger »weißer«, christlicher Zivilisation in einem vom Kommunismus und »schwarzer« Unabhängigkeit bedrohten Afrika. Bereits 1958 entstanden in Salisbury bei einem Treffen zwischen portugiesischen und rhodesischen Sicherheitskräften erste Kooperationspläne.[59]

Als wirtschaftliche und militärische Hegemonialmacht der Region betrachtete Südafrika die portugiesischen Kolonien als erste Verteidigungslinie des eigenen Apartheid-Regimes. Rhodesien wiederum war von der strategisch wichtigen Eisenbahnlinie durch Moçambique abhängig. Ab Mitte der 1960er-Jahre gewährte Südafrika Portugal Darlehen zur Finanzierung von Militäroperationen und in den Jahren 1967 und 1968 verkaufte Pretoria fünf *Alouette III* Helikopter und 33 *Panhard* Panzerfahrzeuge zu günstigen Konditionen an das portugiesische Militär. In einem Gespräch mit dem portugiesischen Außenminister Nogueira sicherte der südafrikanische Verteidigungsminister P. W. Botha Portugal Ende der 1960er-Jahre zu, dass Südafrika falls nötig auch in den portugiesischen Territorien militärisch intervenieren würde.[60]

Die portugiesische Geheimpolizei PIDE (*Polícia Internacional e de Defesa do Estado* – Internationale Polizei zum Schutz des Staates) unterhielt bereits seit Anfang der 1960er-Jahre gemeinsame Treffen mit den südafrikanischen und rhodesischen Nachrichten- und Polizeidiensten.[61] Im Oktober 1970 beschlossen Portugal und Südafrika auf einem Treffen in Pretoria, die gemeinsamen Anstrengungen enger zu koordinieren und unter dem Decknamen *Exercise ALCORA* (portugiesisch *Exercício ALCORA,* Aliançia Contra as Rebeliões em África – Allianz gegen die Rebellionen in Afrika) zu formalisieren. Anfang 1971 trat auch Rhodesien der »unheiligen Allianz« bei.[62] Mit dem ersten Treffen des ALCORA-Koordinationskomitees im Mai 1971 wurden Planungsgruppen ins Leben gerufen, die gemeinsame Verteidigungspläne für den Fall eines konventionellen Krieges gegen die »weißen« Regime erarbeiteten sollten. Die Entstehung von Exercise ALCORA war stark von der militärischen Entwicklung in den portugiesischen

[59] Vgl.: Ribeiro de Meneses, Felipe; McNamara, Robert: The Origins of Exercise ALCORA, 1960–1971, S. 1115–1116, in: The International History Review, Bd. 35, Nr. 5 (2013), S. 1113–1134.

[60] Vgl.: Ribeiro de Meneses; McNamara, The Origins, S. 1122–1123.

[61] Vgl.: Ribeiro de Meneses, Felipe; McNamara, Robert: Parallel Diplomacy, Parallel War: The PIDE/DGS's Dealings with Rhodesia and South Africa, 1961–74, S. 367–368, in: Journal of Contemporary History, Bd. 49 (2014), S. 366–389.

[62] Vgl.: Ribeiro de Meneses; McNamara, The Origins, S. 1126–1127.

Ultramar-Gebieten beeinflusst, wobei die Situation in Moçambiques nordwestlicher Tete-Provinz die größte Beachtung fand. Südafrika hatte mit dem Cabora-Bassa-Projekt große wirtschaftliche Interessen an der Region. Auch die gegen das Ian-Smith-Regime in Rhodesien kämpfenden Guerillas operierten von Tete aus. Die Situation in Moçambique veränderte den Charakter von Exercise ALCORA, von einem Planungsstab für einen zukünftigen konventionellen Krieg hin zu einer Koordinationsstelle der Guerillakonflikte, die im südlichen Afrika tobten.[63]

Ende 1970 wurde im Südosten Angolas in Cuito Cuanavale das *Centro Conjunto de Apoio Aéro* (gemeinsames Zentrum für Luftunterstützung) eingerichtet. Dort wurden portugiesische und südafrikanische Luftoperationen koordiniert. Sechs Hubschrauber der *South African Defence Force* (SADF) wurden in Cuito Cuanavale stationiert, um die portugiesischen Truppen bei ihren Einsätzen zu unterstützen. Die südafrikanische Hilfe mag zwar gering erscheinen, war aber für Portugal durchaus bedeutend, da sie die Anzahl der in der Region vorhandenen Hubschrauber verdoppelte. Südafrika wiederum war es wichtig, die Operationen der namibischen Befreiungsbewegung *South West Africa People's Organisation (SWAPO)* in der Grenzregion zwischen Angola und Namibia zu unterbinden.[64]

Pretoria hegte große wirtschaftliche Interessen in den portugiesischen »Überseeprovinzen«. Wanderarbeiter aus Moçambique stellten für die südafrikanische Industrie eine wichtige Quelle billiger Arbeitskräfte dar. Die Staudammprojekte von Cabora Bassa in Moçambique und Cunene River in Angola wurden durch südafrikanisches Kapital finanziert. Südafrika und das südafrikanisch besetzte Namibia stellten die größten Abnehmer der Stromproduktion dar. Darüber hinaus war Südafrika einer der wichtigsten Investoren in der angolanischen Wirtschaft und südafrikanische Unternehmen wie die *Anglo American*

[63] Vgl.: Ribeiro de Meneses, Felipe; McNamara, Robert: Exercise ALCORA: Expansion and Demise, 1971–4, S.91 und 96–98, in: The International History Review, Bd. 36, Nr. 1 (2014), S. 89–111.

[64] Vgl.: Estado-Maior do Exército: Resenha Histórico-Militar Das Campanhas de África 1961–1974, Vol. 6, Aspecto da Actividade Operacional, Nr. 1 Angola, Bd. 2, Lissabon 2006, S. 364–367. Um die knappen militärischen Ressourcen zu verdeutlichen: 1970 hatte das portugiesische Militär 21 Helikopter im Osten Angolas stationiert um eine Fläche von 400.000 Quadratkilometer zu überwachen, was in etwa der heutigen Fläche der Bundesrepublik Deutschland entspricht, vgl. Cann, S. 140.

Corporation besaßen große Anteile an Firmen wie *Benguela Railways* und dem Diamantenkartell *DIAMANG*, die in Angola tätig waren.[65]

Mit der Nelkenrevolution 1974 und den portugiesischen Kolonien, die sich nun auf die Unabhängigkeit vorbereiteten, verlor auch die portugiesisch-rhodesisch-südafrikanische Zusammenarbeit ihre Existenzgrundlage und Exercise ALCORA wurde aufgelöst.[66] Das südafrikanische Interesse an Angola hingegen sollte die dort tobenden Konflikte auch in den folgenden Jahrzehnten befeuern.

2.4 Frankreich

Zwischen Frankreich und Portugal entwickelte sich Anfang der 1960er-Jahre eine für beide Seiten lukrative Partnerschaft. Frankreich versorgte Portugal trotz internationaler Kritik mit dringend benötigtem Rüstungsmaterial – woran französische Firmen gut verdienten – und errichtete dafür Mitte des Jahrzehnts einen Stützpunkt auf den Azoren.

Die Beziehungen zwischen Frankreich und Portugal waren in den 1950er-Jahren geprägt vom gemeinsamen Interesse an der Aufrechterhaltung der europäischen Kolonialherrschaft in Afrika. Portugal trat in der UNO für das wegen seiner Algerienpolitik schwer kritisierte Frankreich ein und Paris sah in Lissabon einen »treuen Alliierten«.[67]

Bereits im Vorfeld des Kriegsausbruchs in Angola erwies sich im Gegenzug Paris als Lissabons wichtigster Verbündeter in der UNO. Im Dezember 1960 war Frankreich eines der sechs Länder, die in den Vereinten Nationen gegen die Portugal-kritische Resolution 1542 stimmten. Der französische Präsident de Gaulle, als konservativ-nationalistischer Realpolitiker, gestand der UNO nicht die Legitimation zu, sich in interne Angelegenheiten eines Staates einzumischen. Nach seiner Ansicht war auch die portugiesische Kolonialherrschaft in Afrika eine »interne Angelegenheit«. Darüber hinaus betrachtete er Afrika auch nach der Unabhängigkeit der eigenen Kolonien als traditionell französische Einflusssphäre, die durch die sozialistischen Staaten bedroht wurde. Daher war es recht und billig einen europäischen Verbündeten

[65] Vgl.: Minter, S. 129–131.

[66] Vgl.: Ribeiro de Meneses, McNamara, Exercise ALCORA: Expansion and Demise, S. 104.

[67] Vgl.: Marcos, S. 23, 26–27 und 48.

in Afrika mit allen Mitteln zu unterstützen.[68] Zu guter Letzt hegte de Gaulle Skepsis gegenüber den USA und wollte einen vermehrten amerikanischen Einfluss in Afrika nach Möglichkeit verhindern, was sich gut mit der Krise der Beziehungen zwischen Washington und Lissabon traf und die Weichen für eine engere europäische Kooperation stellte.[69]

Nachdem Lissabon Ende der 1950er-Jahre keine neuen Flugzeuge aus den USA erhalten hatte, wandte man sich den Franzosen zu, die 1958 die ersten *Alouette-II*-Hubschrauber lieferten.[70] Die französische Luftfahrtindustrie hatte das portugiesische Interesse geweckt und Anfang 1961 folgte der Kauf von zwölf Transportflugzeugen des Typs *Noratlas.*[71] Trotz des Kriegsausbruchs in Angola und internationaler Kritik lieferten die Franzosen ab 1963 auch die nächste Generation ihrer *Alouette*-Hubschrauber an Portugal.[72] Frankreich wurde zum wichtigsten Lieferanten von Hubschraubern für das portugiesische Militär. Anfang der 1970er-Jahre wurden auch die neuesten Modelle des Typs *Puma* an Lissabon geliefert und wenig später in Afrika eingesetzt.[73] Die portugiesischen Streitkräfte profitierten des Weiteren von den Anti-Guerilla-Taktiken, die die Franzosen in Algerien entwickelt hatten, und einige portugiesische Offiziere genossen eine militärische Weiterbildung in Frankreich.[74]

Neben den Militärs der beiden Länder arbeiteten auch die Geheim- und Nachrichtendienste eng zusammen. Dabei übermittelten die Franzosen vor allem Informationen über Waffenlieferungen aus dem Ostblock oder Aktivisten der Befreiungsbewegungen, die über Frankreich ins südliche Afrika oder die sozialistischen Länder reisten, so zum Beispiel Eduardo Mondlane (FRELIMO) oder Amilcar Cabral (PAIGC).[75]

[68] Vgl.: Ebd., S. 55–56 und 65–67.

[69] Vgl.: Ebd. S. 67 und Telo, As Guerras de África, S. 361. Telo sieht Ende der 1950er-Jahre einen entscheidenden Wandel in der portugiesischen Bündnispolitik, weg von den USA und Großbritannien hin zu Frankreich und der Bundesrepublik Deutschland, wobei das gaullistische Frankreich einen bevorzugten »ideologischen« Alliierten Portugals darstellte, vgl. auch Marcos, S. 43–44.

[70] Vgl.: Telo, Portugal e a NATO, S. 325.

[71] Vgl.: Marcos, S. 106–109 und 114.

[72] Vgl.: Telo, As Guerras de África, S. 366. 1963 trafen die ersten 15 *Alouette-III*-Hubschrauber in Portugal ein, finanziert durch Kredite französischer Banken vgl. dazu auch Marcos, S. 156–157.

[73] Vgl.: Fonseca; Marcos, S. 122.

[74] Vgl.: Telo, As Guerras de África, S. 365 und Marcos, S. 239 sowie Cann, S. 40–42 und 44–47.

[75] Vgl.: Mateus, Dalila Cabrita: A PIDE/DGS na Guerra Colonial (1961–1974), Lissabon 2004, S. 368–369.

Die einzige Belastung für die portugiesisch-französischen Beziehungen ging Mitte der 1960er-Jahre von zahlreichen portugiesischen Oppositionellen in Frankreich und einigen ehemaligen Angehörigen der französischen Terrorgruppe OAS (*Organisation de l'armée secrète* – Organisation der geheimen Armee) aus, die in Portugal im Exil lebten.[76]

Um der internationalen Kritik an den Rüstungslieferungen zu begegnen, führte Paris nach dem Kriegsbeginn in Angola 1961 eine Einzelfallprüfung für Rüstungsanfragen aus Portugal ein. Für den Export von Munition und Ersatzteilen stellte das praktisch keine Hürde dar. Von da an wurde unterschieden zwischen schwerem, für den Einsatz in Europa bestimmten Material und Ausrüstung, die für den Einsatz gegen die Guerillas in Afrika geeignet war. Durch die Lizenzproduktion in Portugal wurde das Aufsehen um die Lieferung des für den Krieg in Afrika bestimmten Materials umgangen.[77] Paris erteilte beispielsweise Lizenzen für den Bau von Mörsern (60 mm und 81 mm) und Raketen (37 mm) und lieferte Lkw von *Berliet* und Panzerfahrzeuge von *Panhard.* Teilweise wurden die Lieferungen durch französische Banken finanziert, die sich auf dem portugiesischen Finanzmarkt etablieren wollten.[78]

Das Jahr 1964 stellte die Blütezeit der franko-lusitanischen Beziehungen dar: Portugal erwarb vier französische Fregatten und vier U-Boote, während Paris von Lissabon grünes Licht für die Einrichtung eines Marinestützpunktes auf der Azoreninsel Flores bekam. Weitere umfangreiche Rüstungslieferungen folgten in den Jahren 1964 bis 1966 als Gegenleistung für die Einrichtung der Azoren-Basis. Fürsprache erhielt dies vor allem aus den Reihen führender französischer Militärs, die – geprägt durch die eigenen Erfahrungen in Frankreichs Dekolonisationskriegen – Sympathien für Portugal und seine Ultramar-Politik hegten.[79]

Gegen Ende der 1960er-Jahre erwies sich die französisch-portugiesische Kooperation weiterhin als vorteilhaft: Frankreich verteidigte Portugal in der UNO und französische Firmen beteiligten sich am Cabora-Bassa-Projekt. Grund war die Hoffnung auf den wirtschaftlichen Eintritt in den Markt des südlichen Afrikas, auf dem französische Wirtschaftsinteressen bisher keine große Rolle spielten.[80]

76 Vgl.: Marcos, S. 126–134.
77 Vgl.: Ebd., S. 153–154.
78 Vgl.: Ebd., S. 156–157.
79 Vgl.: Ebd., S. 161 und 205.
80 Vgl.: Ebd. S. 214.

Mit dem Ende der Ära de Gaulle 1969 stellte sich auch unter der Nachfolgeregierung kein grundlegender Wechsel der französischen Politik gegenüber Portugal ein. Da Caetano es aber nicht schaffte, die erhoffte reformorientierte portugiesische Politik durchzusetzen, distanzierte sich der neue französische Präsident Georges Pompidou öffentlich von der portugiesischen Ultramar-Politik. Trotz einer Abkühlung des portugiesisch-französischen Verhältnisses Anfang der 1970er-Jahre wurde die bestehende Zusammenarbeit bis zum Ende der Kriege in Afrika fortgesetzt.[81]

[81] Vgl.: Ebd. S. 233–234 und Fonseca; Marcos, S. 125.

3 Die »Achse« Lissabon-Bonn

3.1 Deutsch-Portugiesische Beziehungen vor 1961

Mit dem Beginn der nationalsozialistischen Herrschaft 1933 näherten sich Deutschland und das vom italienischen und deutschen Faschismus inspirierte Salazar-Regime einander an. Mitte der 1930er-Jahre wurde die portugiesische Geheimpolizei nach dem Vorbild der deutschen Gestapo aufgebaut und während des Spanischen Bürgerkrieges erhielt Franco einen Großteil der deutschen Rüstungslieferungen über Portugal. Beim Kriegsausbruch 1939 erklärte sich Portugal neutral, auch aufgrund der traditionell guten Verbindungen zu Großbritannien. Während die Regierung ab 1943 die Einrichtung von britischen und US-amerikanischen Stützpunkten auf den Azoren gestattete, versorgte Portugal gleichzeitig NS-Deutschland mit Wolfram für die Rüstungsproduktion und stellte diese Lieferungen erst 1944 auf Druck der Alliierten ein. Die Sympathien Salazars für das NS-Regime wurden bei der bereits erwähnten portugiesischen Staatstrauer nach Hitlers Selbstmord unverkennbar deutlich.[82] Nach dem Ende des Zweiten Weltkrieges und mit der Entstehung der Bundesrepublik Deutschland gestalteten sich die deutsch-portugiesischen Beziehungen freundschaftlich, da sie nicht durch den Krieg vorbelastet waren.[83]

Salazar betrachtete Deutschland als ein Bollwerk gegen die sowjetische Expansion in Europa. 1958 erklärte er in einem Interview mit der französischen Zeitschrift *Le Figaro*: »Ein vereintes Deutschland ist eine quasi undurchdringbare Barriere. Wenn es Deutschland nicht geben würde, müsste es erfunden werden. Der Germane ist traditionell das Schild Europas gegen den slawischen Druck.«[84]

Durch den Abschluss eines Schifffahrtsabkommens wurden 1950

[82] Vgl.: Schroers, S. 16–19.

[83] Vgl.: Zimmerer, Jürgen: »Der bestregierte Staat Europas«: Salazar und sein »Neues Portugal« im konservativen Abendland-Diskurs der frühen Bundesrepublik Deutschland, S. 84, in: Portugal – Alemanha – Brasil. Actas do VI Encantro Luso-Alemão (6. Deutsch-Portugiesisches Arbeitsgespräch) Bd. 1, Braga 2003, S. 81–101.

[84] »A Alemanha unificada seria uma barreira quase intransponsível. Se a Alemanha não existisse era necessário inventála. O germane é tradicionalmente o escudo da Europa perante a pressão eslava.« Interview mit dem französischen Journalisten Serge Groussard, erschienen in *Le Figaro* am 2. und 3. September 1958, zitiert nach Torgal, S. 83, eigene Übersetzung. Vgl. auch Schroers, S. 19–20.

die wirtschaftlichen Verbindungen zwischen der Bundesrepublik und Portugal wiederbelebt und im folgenden Jahr öffnete die erste Vertretung der portugiesischen Regierung in Bonn ihre Pforten. Die antikommunistische Prägung der Adenauer-Regierung und des Salazar-Regimes stellten eine gemeinsame Grundlage dar. Im November 1952 erreichte die erste bundesdeutsche Gesandtschaft Lissabon.[85] Salazar befürwortete von Anfang an die politische Integration der Bundesrepublik in Westeuropa und unterstützte Bonns Position in der Frage der Wiedervereinigung, indem Lissabon beispielsweise die DDR nicht anerkannte. Bereits 1952 sprach Salazar sich für den Beitritt der Bundesrepublik in die NATO aus.[86] Nach der Gründung der Bundeswehr und dem NATO-Beitritt waren die Bundesrepublik Deutschland und Portugal nun auch formell Verbündete und die Gesandtschaften in Bonn und Lissabon wurden 1956 zu Botschaften erhoben. Portugal war das einzige größere Land, das die im Zweiten Weltkrieg beschlagnahmten deutschen Besitztümer und Vermögen nur zum Teil an die Alliierten aushändigte. 1958 reiste der bundesdeutsche Außenminister Heinrich von Brentano nach Lissabon und unterzeichnete ein Abkommen, das die Rückgabe der Vermögenswerte ermöglichte und die neugewonnene Souveränität deutscher Außenpolitik unterstrich.[87]

In Westdeutschland sah man dafür wohlwollend über die portugiesische Diktatur hinweg, was sich zum Beispiel in der positiven deutschen Berichterstattung über Salazars 25-jähriges Jubiläum als Regierungschef im Jahr 1951 niederschlug.[88] Besonders in den rechtskonservativen Kreisen der jungen Bundesrepublik wurde Salazars Regime in Portugal als vorbildliche Staatsform betrachtet. Die Verbindung von christlichen Werten, Antikommunismus und autoritärer Regierung wurde als »dritter Weg« neben dem verhassten Kommunismus und dem liberalen Kapitalismus postuliert. Sympathisanten dieser Ideen fanden sich auch in hohen Ämtern der Adenauer-Regierung.[89]

Nach von Brentanos Aufenthalt in Lissabon 1958 intensivierten sich auch die deutsch-portugiesischen Beziehungen. Dies war der erste of-

85 Vgl.: Schroers, S. 23–25.

86 Vgl.: Ebd., S. 26–28 und Fonseca, S. 26–27.

87 Vgl.: Fonseca, S. 33–34 und Schroers, S. 28–30.

88 Vgl.: Zimmerer, S. 85.

89 So z.B. Außenminister Heinrich von Brentano und Vizepräsident des Bundestages und späterer Justizminister Richard Jaeger, die Mitglieder der rechtskonservativen »Abendländischen Akademie« waren, vgl. Zimmerer, S. 85–86 und S. 95, Anm. 45.

fizielle Besuch eines Bundesministers in Portugal. Eine Reihe weiterer Besuche und Gegenbesuche sollte folgen. Neben wirtschaftlichen Überlegungen umfasste die Agenda der deutsch-portugiesischen Gespräche seit dem Besuch von Verteidigungsminister Franz Josef Strauß 1960 auch die militärische Kooperation, die im vierten Kapitel näher erläutert wird.[90]

3.2 Die Bedeutung Afrikas und der portugiesischen Ultramar-Gebiete für die westdeutsche Außenpolitik

Während der 1950er-Jahre spielte Afrika keine große Rolle in den strategischen Überlegungen der westdeutschen Außenpolitik. Der Fokus lag eindeutig auf Europa und dem eskalierenden Ost-West-Konflikt. Wie bereits gezeigt wurde, gab es reges Interesse an einer Partnerschaft mit Portugal. Die portugiesischen Territorien in Afrika spielten dabei jedoch eine untergeordnete Rolle, die sich zumeist auf die Funktion als Rohstofflieferant reduzierte.[91]

Bereits 1951 wurde als erste bundesdeutsche Auslandsvertretung in Afrika ein Generalkonsulat in Pretoria eröffnet, welches noch vor Erlangung der außenpolitischen Souveränität der Bundesrepublik durch die Pariser Verträge 1952 zur Botschaft erhoben wurde. Darauf folgte die Einrichtung weiterer deutscher Konsulate in den wenigen unabhängigen Staaten und den – als europäische Kolonien abhängigen – Gebieten Afrikas, die sich vor allem an den Interessen des westdeutschen Außenhandels orientierte. Im Juni 1952 wurde ein Konsulat in Lourenço Marques (heute Maputo), Moçambique, eingerichtet – die sechste Auslandsvertretung Westdeutschlands in Afrika überhaupt. Luanda folgte im Mai 1954.[92]

Auf einer Konferenz aller bundesdeutschen Botschafter und Konsuln in Afrika im äthiopischen Addis Abeba wurde im Oktober 1959 die Grundlage der westdeutschen *Afrikapolitik* festgelegt. Angesichts

[90] Vgl.: Schroers, S. 30–32 und S. 39–41.

[91] Vgl.: Grohs, Gerhard: Die Unterstützung der portugiesischen Afrika-Politik durch die Bundesregierung, S. 70, in: Bley, Helmut; Tetzlaff, Rainer (Hrsg.): Afrika und Bonn. Versäumnisse und Zwänge deutscher Afrika-Politik, Reinbek bei Hamburg 1978, S. 70–87 und Fonseca, S. 29.

[92] Vgl.: Engel, Ulf; Schleicher, Hans-Georg: Die beiden deutschen Staaten in Afrika. Zwischen Konkurrenz und Koexistenz 1949–1990, Hamburg 1998, S. 32, Anm. 11.

des Jahres 1960, das die Unabhängigkeit einer Vielzahl von afrikanischen Staaten mit sich brachte, fiel in den Augen der deutschen Diplomaten der Bundesrepublik Deutschland als »kolonial unbelastetem [sic] und wirtschaftlich hochentwickeltem Land« eine »natürliche Vermittlerrolle zwischen Afrikanischen Staaten und ehemaligen Kolonialmächten« zu.[93] Als Grundsatz wurde des Weiteren festgelegt, dass »Rassenfragen« wie in Apartheid-Südafrika oder den Ultramar-Gebieten Portugals »innere Angelegenheiten« seien, aus denen man sich »nach Möglichkeit« heraushalte.[94]

Zu Beginn der 1960er-Jahre stellten die nun unabhängigen Staaten Afrikas und Asiens eine große Gruppe in den Vereinten Nationen dar, um deren Unterstützung in der Deutschland-Frage die Bundesrepublik fortan warb. Um die internationale Anerkennung der DDR zu verhindern, wurde die *Hallstein-Doktrin* das einzige handlungsbestimmende Interesse der westdeutschen Afrikapolitik. Diesem Grundsatz folgend, drohte Bonn mit dem Abbruch aller diplomatischen Beziehungen zu einem Staat, sobald dieser die DDR völkerrechtlich anerkannte oder diplomatische Beziehungen zu Ost-Berlin aufnahm.[95] Um einer außenpolitischen Offensive der DDR zuvorzukommen, eröffnete die Bundesrepublik Deutschland zwischen 1960 und 1964 daher 26 Botschaften in Afrika südlich der Sahara. Des Weiteren sollten Finanz- und Entwicklungshilfe sowie der wachsende Außenhandel Westdeutschlands die Verbindungen zu den jungen afrikanischen Staaten stärken und diese für das westliche Lager und die westdeutsche Sache vor der UNO gewinnen.[96]

Im AA erkannte man Mitte der 1960er-Jahre, dass die Hallstein-Doktrin zu passiv und ineffizient sei. Intern wurde diskutiert, wie man die Außenpolitik neu gestalten könne. Doch erst unter der Großen Koalition formulierte Willy Brandt als Außenminister 1968 neue Richtlinien für eine bundesdeutsche *Afrikapolitik* und läutete damit die Abkehr von der Hallstein-Doktrin ein. Unter der Brandt-Regierung wurde ab 1969 in Afrika um Unterstützung für die *neue Ostpolitik* geworben und eine Rhetorik vom Selbstbestimmungsrecht Afrikas und dem Kampf gegen Rassismus und Kolonialismus gepflegt, die die

93 So Ministerialdirektor Hasso von Etzdorf, zitiert nach Engel, Ulf: Die Afrikapolitik der Bundesrepublik Deutschland 1949–1999. Rollen und Identitäten, Hamburg 2000, S. 40.

94 Zitiert nach Engel; Schleicher, S. 36.

95 Vgl.: Engel, S. 43.

96 Vgl.: Engel; Schleicher, S. 37–38 und Fonseca, S. 125.

Realitäten westdeutscher Außenpolitik jedoch verfehlte.[97] Angesichts massiver Kritik afrikanischer Staaten an den Beziehungen der Bundesrepublik zu Portugal und Südafrika bekräftigte Brandts Außenminister Walter Scheel 1972 diese Haltung. In einer Rede betonte er, dass die Bundesrepublik Deutschland Rassismus ablehne, für »Friedenspolitik« und gegen die Einmischung in innere Angelegenheiten anderer Staaten stehe. Sanktionen als Mittel der Politik lehnte er ab, da dies einen Schaden für Zivilpersonen und Privatwirtschaft bedeute und die Entwicklungshilfe einschränke.[98]

Die DDR hingegen versuchte bereits seit der Mitte der 1960er-Jahre, auf die westdeutschen Beziehungen zu Portugal und Südafrika aufmerksam zu machen, um die Bundesrepublik unter den afrikanischen Staaten zu diskreditieren. Die ostdeutsche Außenpolitik sollte den Kampf gegen Kolonialismus und Rassismus unterstützen. Seit dem Besuch des MPLA-Generalsekretärs Viriato da Cruz in Ost-Berlin 1960 unterhielt die DDR Beziehungen zur MPLA und sicherte Unterstützung durch die »Bereitstellung von Ausbildungsplätzen, materielle Hilfsleistungen und politisch-diplomatische Maßnahmen« zu.[99] MPLA-Präsident Agostinho Neto besuchte die DDR 1963, 1965, 1968 und seit seinem Besuch 1971 gab es formelle Parteibeziehungen zwischen der MPLA und der SED. Die DDR knüpfte auch Beziehungen zur FRELIMO in Moçambique.[100]

3.3 Die Diplomatie der Bundesrepublik und der innerdeutsche Diskurs, 1961–1974

Die bundesdeutsche Außenpolitik sah sich in den 1960er- und frühen 1970er-Jahren mit einem diplomatischen Dilemma konfrontiert. Einerseits wollte Bonn Loyalität gegenüber dem NATO-Partner Portugal zeigen und aus eigenen wirtschaftlichen und sicherheitspolitischen Interessen gute Beziehungen zur Regierung in Lissabon pflegen. Andererseits erachtete es die Bundesregierung als nötig, gute Beziehungen zu den unabhängigen »afro-asiatischen« Staaten zu knüpfen, um im

97 Vgl.: Engel, S. 48–49 und Lopes, S. 16.
98 Vgl.: Engel, S. 51.
99 Engel; Schleicher, S. 109, Anm. 62.
100 Vgl.: Ebd., S. 109, Anm. 62 und Anm. 65.

Falle einer Abstimmung in den Vereinten Nationen genügend Stimmen für die westdeutsche Sache zu gewinnen.

Mit dem Gewaltausbruch in Angola Anfang 1961 erreichte der Konflikt um die portugiesischen Territorien in Afrika eine neue Intensität und internationale Beachtung. Die unabhängigen Staaten Afrikas und Asiens übten heftige Kritik an Lissabons Politik in Angola. Daher sah sich das AA im März 1961 dazu gezwungen, Richtlinien für die bundesdeutsche Politik gegenüber Portugal zu formulieren, um die Beziehungen zum NATO-Verbündeten nicht zu gefährden und gleichzeitig die »afro-asiatischen« Staaten nicht zu verprellen. Die Beamten aus dem AA empfahlen Folgendes: Die Bundesrepublik sollte völlige Zurückhaltung gegenüber den portugiesischen Kolonialgebieten wahren, um nicht als Unterstützer von Lissabons Ultramar-Politik dazustehen. Es sollte keine Entwicklungshilfe für die portugiesischen Überseeterritorien geleistet werden und von Reisen offizieller Vertreter der Bundesrepublik Deutschland in die betreffenden Gebiete wurde abgeraten. Finanzhilfe für Entwicklungsprogramme in Portugal befürwortete das AA hingegen, damit das geostrategisch bedeutende Portugal weiter Teil des westlichen Verteidigungssystems bleibe und im Falle des Verlustes der Kolonien nicht in eine wirtschaftliche Krise gerate.[101] Angesichts der Kritik, welche auch NATO-Verbündete wie die USA oder die skandinavischen Länder an der portugiesischen Politik übten, sollte Lissabon von bundesdeutscher Seite nicht das Gefühl gegeben werden, von seinen Verbündeten im Stich gelassen zu sein, um einen NATO-Austritt Portugals zu verhindern. Diskretion und Zurückhaltung gegenüber den Ultramar-Gebieten sollte andererseits die Anschuldigungen des sozialistischen Lagers entkräften, Bonn unterstütze die Kolonialpolitik Lissabons.[102]

Doch die vom AA vorgeschlagene Linie wurde nicht von allen Persönlichkeiten der westdeutschen Politik strikt eingehalten. Wie bereits erwähnt, sympathisierten konservative Kreise in der Bundesrepublik mit dem Salazar-Regime. Der Kriegsausbruch in Angola nährte ihre Angst, ein Verlust der Kolonien könnte auch das Ende der Salazar-Diktatur bedeuten und damit den Weg für eine linke oder gar kommunistische Regierung in Lissabon und den NATO-Austritt Portugals frei machen. Konservative Politiker in Westdeutschland äu-

[101] Vgl.: PA AA, B 26, Bd. 72, Aufzeichnungen Betr.: Die Problematik der portugiesischen Kolonialpolitik, 30. März 1961.

[102] Vgl.: Fonseca, S. 93–94.

ßerten sich daher vermehrt positiv über das Salazar-Regime und seine Ultramar-Politik, um das in der deutschen Öffentlichkeit traditionell positive Portugal-Bild zu wahren und zu verstärken.[103] Bekannteste Vertreter dieser Position waren Franz Josef Strauß (CSU), Eugen Gerstenmeier (CDU) und Richard Jaeger (CSU).[104]

Strauß zeigte bereits bei seinem Portugal-Besuch 1960 große Dankbarkeit für Salazars Einsatz für die Westintegration der Bundesrepublik während der 1950er-Jahre. Anlässlich der portugiesischen Militäroffensive in Angola Mitte 1961 nahm er sogar »abseits offizieller Kontakte« und auf der Grundlage »freundschaftlicher Gefühle« persönlichen Briefkontakt mit Salazar auf, um die Afrika-Problematik zu diskutieren. Strauß versuchte vergebens, Salazar davon zu überzeugen, dass die Kosten eines Krieges in Afrika für Portugal zu hoch und der Ausgang einer solchen Politik ungewiss seien. Gleichzeitig bekundete er aber sein Vertrauen in den »mutigen portugiesischen Soldaten« und versicherte seine Solidarität, »egal welchen Weg« Salazar einschlagen würde.[105]

Im Jahr 1963 reiste der damalige Vizepräsident des Deutschen Bundestages Richard Jaeger mit einer Delegation der *Deutschen Atlantischen Gesellschaft* nach Portugal und Angola und äußerte sich im Anschluss positiv über den portugiesischen Kolonialismus und den Kampf des portugiesischen Militärs in Afrika. Seiner Meinung zufolge wurden nicht nur die Interessen Portugals, sondern des gesamten Westens verteidigt.[106] Während diese Äußerungen in den afrikanischen Staaten Stürme der Entrüstung hervorriefen, waren Jaegers Aussagen Wasser auf den Mühlen des Salazar-Regimes, dessen grundlegende Argumente er unverändert wiedergegeben hatte.[107]

Auch im Jahr 1965 lobte Jaeger – mittlerweile Bundesjustizminister – nach einer Reise mit dem Verteidigungsausschuss des Bundestages nach Portugal gegenüber der portugiesischen Zeitung *Diário de Notícias* Lissabons Verwaltung und das Vorgehen in Afrika. Er erfuhr

[103] Vgl.: Ebd., S. 110–112 und Lopes, S. 80.

[104] Vgl.: Fonseca, S. 142.

[105] Zitiert nach Fonseca, S. 145–146, eigene Übersetzung.

[106] Vgl.: Ebd., S. 116–117.

[107] In der ghanaischen Presse wurde die Reise Jaegers beispielsweise heftig kritisiert und die Politik der Bundesrepublik als »double faced and hypocritical« bezeichnet, vgl. AAPD, 1963 Bd. III, Dok. 347, S. 1146–1149: 19. September 1963; Aufzeichnungen der Politischen Abteilung I, S. 1147, Anm. 7. Die Portugiesen nahmen Jaegers Worte hingegen gerne auf vgl. Boletim Geral do Ultramar, Jg. XXXIX, Nr. 458–460 (1963), S. 225–227.

schwere Kritik dafür und behauptete später, er wäre falsch zitiert worden.[108] Die SPD-Opposition nahm Jaegers Äußerungen zum Anlass, die Haltung der Bundesregierung gegenüber Portugal zu kritisieren.[109] In einem Interview mit dem SPIEGEL wiederholte Jaeger im selben Jahr abermals seine positive Meinung über das portugiesische Staatssystem und die Ultramar-Politik Lissabons.[110]

Im Frühjahr 1962 wurde in der Zeitschrift *Informationsdienst Afrika* ein Portugal-kritischer Artikel veröffentlicht. Dies geschah ohne Wissen von Eugen Gerstenmeier, seines Zeichens Präsident der *Deutschen Afrika Gesellschaft*, welche die Zeitschrift herausgab, und amtierender Bundestagspräsident. Daraufhin veranlasste Gerstenmeier persönlich, dass in der nächsten Ausgabe des Blattes ein positiver Artikel über die portugiesische Herrschaft in Afrika abgedruckt wurde.[111] Gerstenmeier äußerte 1964 gegenüber dem portugiesischen Botschafter, es sei eine Politik der »Erpressung«, wenn er für private Reisen nach Angola oder Moçambique von den Regierungen unabhängiger afrikanischer Staaten kritisiert werde.[112]

Auch Verteidigungsminister von Hassel (CDU) und Außenminister Schröder (CDU) bekundeten in Gesprächen mit portugiesischen Regierungsvertretern ihr Verständnis für die portugiesische Politik in Afrika und den strategischen Wert der portugiesischen Territorien in Afrika für Westeuropa.[113]

Pro-portugiesische Stimmen kamen nicht nur aus der Politik, sondern auch aus der Zivilgesellschaft oder »kulturellen Elite« der Bundesrepublik. So bereiste zum Beispiel Ewald von Kleist, deutscher Verleger, ehemaliger Wehrmachtsoffizier und konservativer Widerstandskämpfer der Stauffenberg-Gruppe, im Jahr 1965 Angola und Moçambique. Dem Artikel der staatlichen portugiesischen Zeitschrift *Boletim Geral do Ultramar* zufolge äußerte er sich dabei sehr positiv über die Situation in Afrika und sicherte den portugiesischen Kolonisatoren »das

[108] Vgl.: Fonseca, S. 152–153.
[109] Vgl.: PA AA, B 26, Bd. 316, Aufzeichnung Betr.: Interview des Herrn Bundesjustizministers Dr. Jaeger, o. Datum; und PA AA, B 26, Bd. 316, Sitzungsprotokoll des Deutschen Bundestages, 12. Sitzung, 9. Dezember 1965, S. 426–428.
[110] Vgl.: »Ich bin für eine scharfe Klinge« vom 17. November 1965, S. 53–56, in: DER SPIEGEL 1965/47.
[111] Vgl.: Fonseca, S. 148–149. Siehe auch hier für eine nähere Untersuchung der beiden Artikel.
[112] Vgl.: Ebd., S. 150.
[113] Vgl. Schroers, S. 59.

Verständnis der Bevölkerung der Bundesrepublik« für ihre Anstrengungen in diesem »von außen auferlegten Krieg« zu.[114]

Die offizielle Linie der Bundesregierung verzichtete mit Rücksicht auf die Beziehung zu den afrikanischen Staaten auf solche öffentlichen Sympathie-Bekundungen für Portugal. Der Kurs blieb aber insgesamt Portugal-freundlich. Die Adenauer-Regierung lehnte internationale, öffentliche Kritik gegenüber dem NATO-Partner Lissabon ab und auch Adenauers Nachfolger Ludwig Erhard setzte ab 1963 die zurückhaltende, aber pro-portugiesische Politik der Vorgänger-Regierung fort.[115] Im Oktober 1963 sprachen sich die deutschen Vertreter auf einer Konferenz mit Frankreich gegen den Vorschlag aus, gemeinsam Portugal auf diplomatischem Wege zur Reform seiner Ultramar-Politik zu bewegen. Die Bundesrepublik sei nicht in der Lage, sich in »innere Angelegenheiten« Portugals einzumischen, da Lissabon gerade erst großes Entgegenkommen auf verteidigungspolitischer Ebene gezeigt habe (siehe Kapitel 4).[116]

Für das international isolierte Portugal hatten schon kleine diplomatische Gesten eine Bedeutung. Als Ludwig Erhard im März 1961 im Amt des Wirtschaftsministers und Vizekanzlers zu Gesprächen in Portugal weilte, verzichtete er auf einen Kommentar zu den Geschehnissen in Afrika mit der Begründung, es sei eine »innere Angelegenheit«, was die portugiesische Regierung angesichts der massiven internationalen Kritik positiv aufnahm.[117]

Nach den zahlreichen Besuchen von Bundesministern in Portugal und Gegenbesuchen portugiesischer Politiker in Westdeutschland[118] fuhr mit Bundeskanzler Kiesinger im Oktober 1968 erstmals ein deutscher Regierungschef zum Staatsbesuch nach Portugal. Für die neue portugiesische Regierung unter Salazars Nachfolger Marcelo Caetano hatte der Besuch große Signalwirkung. Kiesinger weilte zu Gesprächen

114 Boletim Geral do Ultramar, Jg. XLI, Nr. 478 (1965), S. 120, eigene Übersetzung.

115 Vgl.: Fonseca, S. 114.

116 Vgl.: Ebd., S. 126–127 und 129.

117 Vgl.: Ebd., S. 144–145.

118 Vgl.: Schroers, S. 31. Aus Westdeutschland fuhren die Bundesminister Strauß (1960, 1962), Erhard (1961, 1962), Seebohm (1963), Schwarz (1964), von Hassel (1965), Krone (1966), Schröder (1966), Heck (1967) und Brandt (1969) zu Gesprächen nach Portugal. Umgekehrt reisten die portugiesischen Außenminister Moniz (1959) und Nogueira (1966), Verteidigungsminister Moniz (1961), Arújo (1964, 1967) und Rebelo (1968), Justizminister Varela (1964), Sozialminister Gonçalves (1967) und Verkehrsminister Ribeiro (1968) zu offiziellen Besuchen in die Bundesrepublik, vgl. ebd.

in Lissabon und nahm laut SPIEGEL den portugiesischen Wunsch, die Ultramar-Gebiete in den NATO-Verteidigungsbereich aufzunehmen, »wohlwollend« auf. Zuvor war Kiesinger von Richard Jaeger auf den Besuch vorbereitet worden, der sich im Anschluss auch noch einmal selbst zu Wort meldete und verkündete, die portugiesischen Militärs in Afrika seien »nicht nur Soldaten Portugals, sondern auch Soldaten Europas«.[119]

Da sich die militärischen Beziehungen zwischen Bonn und Lissabon in der ersten Hälfte der 1960er-Jahre intensivierten und die Investitionen der deutschen Privatwirtschaft in den Ultramar-Gebieten zunahmen, fiel es immer schwerer, Diskretion über die deutsch-portugiesische Zusammenarbeit zu wahren. 1966 warnte der Chef der westdeutschen Beobachterdelegation bei den Vereinten Nationen Freiherr von Braun, dass sich ein Schwinden der Sympathie für die Bundesrepublik bei den afrikanischen Staaten einstelle, da Bonn zu gute Kontakte mit Lissabon und auch mit Pretoria pflege.[120] Auch Staatssekretär Carstens im AA forderte im selben Jahr »eine gewisse Zurückhaltung bei unseren Beziehungen zu Portugal und Südafrika«, um gute Beziehungen zu den »blockfreien« Staaten zu erhalten. Man müsse »alles unterlassen, was als Unterstützung der portugiesischen Kolonialpolitik und der südafrikanischen Rassenpolitik erscheint«.[121] Diese Formulierung macht deutlich, dass eine Zusammenarbeit mit Portugal und ebenso Südafrika unter allen Umständen weiterlaufen sollte, nur eben mit größtmöglicher Diskretion.

Ende 1966 wurde unter Bundeskanzler Kurt Georg Kiesinger (CDU) eine Große Koalition gebildet und die SPD mit dem Parteivorsitzenden Willy Brandt als Außenminister an der Regierungsverantwortung beteiligt. In der Oppositionsrolle hatte sich die SPD gegenüber der Portugal-Politik der Bundesregierung oft kritisch geäußert.[122] In der Großen Koalition änderte sich der Kurs der Bundesregierung gegenüber Portugal und der Ultramar-Politik allerdings nicht. Brandts wichtigs-

[119] »Heiliger Schauer« vom 04. November 1968, in: DER SPIEGEL 1968/45, S. 36 und vgl. Lopes, S. 172.

[120] Vgl.: AAPD, 1966, Bd. II, Dok. 250, S. 1046–1048: 9. August 1966: Braun an AA, S. 1047.

[121] AAPD, 1966, Bd. I, Dok. 21, S. 76–102: 27. Januar 1966: Aufzeichnung von Carstens, S. 98.

[122] Vgl.: Fonseca, S. 145 und vgl. beispielhaft auch die Bundestagsfragestunde zu den Äußerungen von Richard Jaeger, PA AA, B 26, Bd. 316, Sitzungsprotokoll des Deutschen Bundestages, 12. Sitzung, 9. Dezember 1965, S. 426–428.

tes außenpolitisches Projekt, das er vor allem als Bundeskanzler nach der Regierungsübernahme der SPD 1969 vorantreiben konnte, war die neue Ostpolitik.[123] Um für die politische Öffnung der Bundesrepublik gegenüber den sozialistischen Ländern Osteuropas den Rücken freizuhaben, benötigte Bonn auch gute Beziehungen zu den westeuropäischen Verbündeten und NATO-Alliierten, was Portugal mit einschloss. Kiesingers Besuch in Lissabon 1968 diente daher der Stärkung der deutsch-portugiesischen Verbindung und dem Werben um Verständnis und Unterstützung für den neuen außenpolitischen Kurs Westdeutschlands.[124]

Innerhalb des AA gab es bereits seit Anfang der 1960er-Jahre kritische Stimmen gegenüber der Portugal-Politik der Bundesregierung.[125] Zwischen den verschiedenen Bundesministerien entwickelte sich im Laufe des Jahrzehnts eine schon fast traditionelle Uneinigkeit über den deutschen Kurs gegenüber Portugal und der Ultramar-Problematik. Während das BMVg aufgrund der Kooperationsprojekte mit Lissabon für ein gutes Verhältnis und eine enge Zusammenarbeit im Verteidigungssektor stand, befürworteten realpolitisch orientierte Kräfte im AA zwar eine Kontinuität in den Kontakten mit Portugal, lehnten Waffenlieferungen an Lissabon aber ab, um den vermeintlich guten Ruf und Einfluss der Bundesrepublik im »afro-asiatischen Block« zu wahren. Das Bundesministerium für wirtschaftliche Zusammenarbeit (BMZ) unter der Leitung von Erhard Eppler (SPD) übte während der Ära Brandt scharfe Kritik an der Kooperation mit Portugal. Eppler sprach sich ebenso wie einige Mitarbeiter aus dem Kanzleramt 1970 für einen klaren Kurswechsel in den Beziehungen zu Portugal aus.[126] Brandt ignorierte diese Vorschläge jedoch und setzte auf Kontinuität gegenüber Lissabon. Die laufende militärische und wirtschaftliche Kooperation wurde fortgeführt und die Bundesregierung hoffte, die Kritik afrikanischer Staaten abdämpfen zu können, indem sie auf die Endverbleibsklausel für Rüstungslieferun-

[123] Vgl.: Fonseca, S. 212.

[124] Vgl.: Fonseca; Marcos, S. 129.

[125] Vgl.: AAPD, 1962, Bd. II, Dok. 219, S. 983–986: 25. Mai 1962: Schröder an Adenauer, S. 983 und Fonseca, S. 234. Vor allem Lieferungen von Waffen und Rüstungsmaterial wurden von manchen Referaten im AA als unvertretbar abgelehnt, vgl. z.B. PA AA, B 26, Bd. 113, Dr. Klarenaar an BMWi, 20. September 1961 oder PA AA, B 34, Bd. 274, AA an BMWi, Betr.: Ausfuhr von Pistolen und Pistolenmunition nach den portugiesischen Überseegebieten, 7. August 1961.

[126] Vgl.: Lopes, S. 175, S. 192–194 und S. 240–241.

gen und den infrastrukturellen Fortschritt hinwies, den das Cabora-Bassa-Projekt mit sich bringe.[127]

Um die unterschiedlichen Ansätze der Bundesministerien im Kontakt mit Lissabon besser zu kontrollieren, wurden Anfang der 1970er-Jahre die Entscheidungskompetenzen im AA konzentriert. Hierbei war besonders die Frage der Rüstungslieferungen entscheidend, denn sie stellten den Hauptgrund für die Kritik aus den afrikanischen Staaten dar. Bisher waren Rüstungsexporte nach Portugal vom BMVg oder BMWi organisiert worden und hatten das AA besonders zu Beginn der 1960er-Jahre vor vollendete Tatsachen gestellt.[128] Die Bundesregierung unter Willy Brandt erhoffte sich mit dieser Maßnahme und durch die Neuverhandlung einer Endverbleibsklausel (siehe Kapitel 4) eine bessere Kontrolle über den Export deutscher Waffen und deren Einsatz durch die Portugiesen in Afrika.

Mit dem Regierungswechsel in Portugal 1968 von Salazar zu Marcelo Caetano verbanden die westeuropäischen Staaten große Hoffnungen auf einen neuen, reformorientierten Kurs der portugiesischen Regierung, der zu einer Lösung der Krise in Afrika führen könnte. Als die Reformen ausblieben und sich diese Hoffnung ernüchterte, bemühte sich Bonn, den deutsch-portugiesischen Beziehungen zumindest nach außen einen distanzierteren Anschein zu geben. Als Zeichen an die afrikanischen Staaten wurde die in den 1960er-Jahren aktive Besuchsdiplomatie eingestellt und offizielle Kontakte von der Ministerebene aufwärts in den frühen 1970er-Jahren nach Möglichkeit vermieden.[129]

Anders als die Vorgänger-Regierungen, die stets eine Einmischung in »innere Angelegenheiten« abgelehnt hatten, startete die sozialliberale Koalition den Versuch, Lissabon auf diplomatischem Wege zu Reformen in der Afrika-Frage zu bewegen. Die Bundesregierung knüpfte Kontakte mit anderen NATO-Partnern wie beispielsweise Großbritan-

[127] Vgl.: Ebd., S. 175.

[128] Vgl.: AAPD, 1969, Bd. I, Dok. 93, S. 335–337: 7. März 1969: Aufzeichnungen Behrens, S. 335–336 und AAPD, 1971, Bd. I, Dok. 83, S. 403–407: 5. März 1971: Aufzeichnung von Dietrich, S. 403. In einem Schreiben vom Juli 1961 bat das AA beispielsweise generell um Informationen über Waffenverkäufe nach Portugal, vgl. PA AA, B 34, Bd. 274, AA an den Bundesminister für Wirtschaft, Betr.: Ausfuhr von Rüstungsgütern nach Portugal und seine überseeischen Provinzen, 27. Juli 1961.

[129] Bis zur Nelkenrevolution 1974 reiste lediglich Bundestagsvizepräsident Carlo Schmid zu den Trauerfeierlichkeiten für den verstorbenen Salazar Mitte 1970 und wenige Monate später der Bundesminister für besondere Aufgaben Horst Ehmke zu Gesprächen mit Caetano nach Lissabon, vgl.: Schroers, S. 96–97.

nien, in der Hoffnung, ein gemeinsames Vorgehen abzustimmen und Druck auf Portugal auszuüben. Diese Versuche blieben jedoch erfolglos und eine gemeinsame europäische Initiative kam nicht zustande.[130]

Die Bundesrepublik Deutschland bemühte sich, auch als Vermittler zwischen den afrikanischen Nachbarstaaten der »Überseegebiete« und Portugal aufzutreten, um einen Dialog über eine mögliche Lösung des Konfliktes in Gang zu bringen. Als der sambische Präsident Kenneth Kaunda, der immer wieder für Verhandlungen zwischen Lissabon und den Befreiungsbewegungen plädierte, im Oktober 1970 zum Staatsbesuch in Bonn eintraf, versuchte die Bundesregierung, die portugiesische Verhandlungsbereitschaft auszuloten. Da aber Lissabon dem Vorschlag ablehnend gegenüberstand, scheiterte auch diese Initiative. Im Kanzleramt forderte man, den Portugiesen mit einem Waffenembargo zu drohen oder ähnliche »strikte Maßnahmen« anzuwenden, um sie an den Verhandlungstisch zu bekommen. Doch Brandt kam diesen Forderungen nicht nach.[131]

Die kritischen Stimmen aus den Reihen der SPD verstummten trotz Brandts Festhalten am Kurs gegenüber Lissabon nicht. Im Gegenteil sorgten einige seiner Parteigenossen sogar für internationales Aufsehen. Im Jahr 1970, noch vor Kaundas Besuch in Bonn, schickte der Bundeskanzler den nordrheinwestfälischen Ministerpräsidenten Heinz Kühn (SPD) nach Sambia, um die Wogen zu glätten, die die Beziehungen Westdeutschlands zu den unabhängigen Staaten des südlichen Afrikas wegen des Cabora-Bassa-Projektes und der bundesdeutschen Beteiligung erschütterten. Kühn nutzte diese Gelegenheit, um die Linie der Bundesregierung öffentlich zu kritisieren. In seiner Funktion als Vizepräsident der SPD-nahen Friedrich-Ebert-Stiftung (FES) kündigte er humanitäre Hilfe für die Befreiungsbewegungen des südlichen Afrika an. Da Kühns Auftritt in Lissabon für Unmut sorgte, distanzierte sich die Bundesregierung öffentlich von seinen Äußerungen, mit dem Verweis, Kühn habe nicht als Mitglied der Bundesregierung, sondern in seiner Funktion als Vizepräsident der FES gesprochen.[132]

Die FES hatte bereits in den 1960er-Jahren als Kontakt zu afrikanischen Befreiungsbewegungen gedient. Als Holden Roberto, Führer

[130] Vgl.: Lopes, S. 44, 174 und 178.
[131] Vgl.: Ebd., S. 180–181.
[132] Vgl.: »Schwanz mit Hund« vom 07. September 1970, S. 29–31, in: DER SPIEGEL 1970/37 und Lopes, S. 175–177.

der UPA/FLNA, 1964 einen Besuch in der Bundesrepublik anstrebte, begrüßte das AA diesen Schritt, da Roberto als gemäßigt und prowestlich galt. Man hoffte, durch Kontakte zu Roberto auch Einfluss auf ein zu einem späteren Zeitpunkt unabhängiges Angola zu haben. Das AA wollte sich aber aus Rücksicht auf die Beziehungen zu Lissabon nicht offiziell an einem Besuch Robertos beteiligen. Daher wurde er im Januar 1964 von der FES und anderen privaten Organisationen in Westdeutschland empfangen und traf sich unter anderem mit dem SPD-Politiker Hans-Jürgen Wischnewski.[133]

Die FES knüpfte 1970 gemäß Kühns Ankündigung mithilfe der Präsidenten von Sambia und Tansania Kontakte zu den Befreiungsbewegungen in allen drei umkämpften portugiesischen Ultramar-Gebieten sowie in Namibia und Rhodesien. Es wurden Stipendien für afrikanische Studenten eingerichtet und Medikamente, Nähmaschinen und Nahrung bereitgestellt. Im Oktober und November 1970 erhielt auch die MPLA in Sambia Hilfslieferungen der FES. Die Wirkung der FES-Hilfe als Goodwill-Aktion gegenüber den afrikanischen Befreiungsbewegungen war jedoch begrenzt, da die Bundesregierung auch hier Distanz wahrte und erklärte, dass sich die deutsch-portugiesischen Beziehungen nicht ändern würden.[134]

Seit den 1960er-Jahren gab es in Westdeutschland immer wieder Proteste gegen und öffentliche Kritik an der Politik der jeweiligen Bundesregierung gegenüber Lissabon. Die deutsch-portugiesischen Beziehungen und Portugals Krieg in Afrika entwickelten sich Ende der 1960er- und Anfang der 1970er-Jahre zu einem sensiblen Thema der deutschen Öffentlichkeit. Sie besaßen jedoch keine außerordentliche Priorität und wurden oft von anderen außen- und innenpolitischen Nachrichten in der Presse überlagert.[135] Getragen von studentischen, kirchlichen und zivilgesellschaftlichen Gruppen, erreichten die öffentlichen Proteste in der Bundesrepublik in den Jahren von 1970 bis 1973 ihren Höhepunkt. Die Kritiker warfen der Bundesregierung vor, die portugiesische Kolonialpolitik zu unterstützen und thematisierten besonders die deutsche Beteiligung am Cabora-Bassa-Projekt. Dabei lag der Fokus der Kritik mindestens genauso sehr auf der westdeutschen Politik wie auf dem portugiesischen Vorgehen in Afrika. Im Juni 1971

133 Vgl.: PA AA, B 34, Bd. 517, Aufzeichnung Betr.: Besuch des Chefs der angolanischen Exilregierung Holden Roberto in der Bundesrepublik Deutschland, 12. Januar 1964 und Fonseca, S. 130.

134 Vgl.: Lopes, S. 222–223 und S. 227.

135 Vgl.: Ebd., S. 91.

gründete sich nach dem Vorbild ähnlicher Gruppen in anderen europäischen Staaten das *Deutsche Komitee für Angola, Guinea-Bissau und Mosambik* (AGM-Komitee), eine der einflussreichsten Protestbewegungen, der auch einige Bundestagsabgeordnete der SPD angehörten.[136]

Ende 1971 entstand durch die Kooperation verschiedener Initiativen der Plan, ein »Portugal-Tribunal« abzuhalten, um die portugiesische Afrika-Politik öffentlich zu verurteilen. Das AA sah in dieser Form des Protestes eine Belastung für die deutsch-portugiesischen Beziehungen, die es nach Möglichkeit einzudämmen galt.[137] Ende 1972 fragte man daher aus dem AA im Bundesministerium des Innern (BMI) an, ob es möglich sei, die Veranstaltung zu verbieten oder zumindest einzudämmen, um die belastende Wirkung auf die Beziehungen zu Lissabon zu begrenzen.[138] Das AA selbst versuchte die Konferenz-Teilnahme einiger Personen, die aus afrikanischen Staaten über Belgien einreisen wollten, durch die Verweigerung des Visums zu verhindern. Innere Probleme und Uneinigkeiten unter den Organisatoren schmälerten schließlich die öffentliche Wirkung des »Portugal-Tribunals«, was die portugiesischen Behörden hoffen ließ, dass die Wirkung der Solidaritätsbewegungen nicht über den Kreis der bereits Engagierten hinausreichte.[139]

Ein weiterer interessanter Aspekt, in dem das AA im Sinne des deutsch-portugiesischen Verhältnisses agierte, ist der Versuch portugiesischer Wehrdienstverweigerer, politisches Asyl in Westdeutschland zu beantragen, um nicht in den Kriegseinsatz in Übersee geschickt zu werden. In einem konkreten Fall Mitte 1971 wandte sich der SPD-Bundestagsabgeordnete Dietrich Sperling an das AA, um die bevorstehende Ausweisung des portugiesischen Wehrdienstflüchtigen de Oliveira Dias zu verhindern.[140] Die Beamten des AA stellten fest, dass

[136] Vgl.: Ebd., S. 67–68. In den Akten des AA findet sich ein Verweis auf ein Angola-Komitee, das sich bereits am 19. März 1964 gegründet habe. Die Gruppe sei aus studentischen Kreisen entstanden und werde von Bundestagsabgeordneten wie Hans-Jürgen Wischnewski (SPD) und Heinrich Gewandt (CDU) unterstützt. Das AA sah zu diesem Zeitpunkt noch kein Problem in der Tätigkeit des »Angola Komitees« und hoffte sogar, dass dadurch eine Verbesserung der Beziehung zu den afrikanischen Staaten erfolgen könne. Ob es Verbindungen zwischen dem Angola-Komitee von 1964 und dem AGM-Komitee von 1971 gab, bleibt unklar. Vgl. PA AA, B 34, Bd. 517, Betr.: Gründung des »Angola Komitees«, 20. März 1964.

[137] Vgl.: Lopes, S. 68–69.

[138] Vgl.: PA AA, B 34, Bd. 858, Betr.: »Portugal Tribunal«, 23. November 1972.

[139] Vgl.: Lopes, S. 68–71.

[140] Vgl.: PA AA, B 26, Bd. 446, An das Referat I A 4, Betr.: Ausweisung des portugiesischen Staatsangehörigen DE OLIVEIRA DIAS, 9. September 1971.

eine Einflussnahme in das Asylrecht nur möglich sei, »wenn außenpolitische Gesichtspunkte dies wünschenswert erscheinen lassen«, da Asylangelegenheiten eigentlich Sache eines eigenen Bundesamtes seien. Die Beziehungen der Bundesrepublik zum NATO-Partner Portugal sprachen ihrer Ansicht nach als »grundsätzliche außenpolitische Erwägungen [...] dagegen«, zumal es den portugiesischen Behörden nicht verborgen bleiben könne, dass der Flüchtige sich immer noch in Westdeutschland aufhalte, wenn sein Pass ablaufe. Abschließend wurde empfohlen, auch bei ähnlichen Fällen und auf Anfragen portugiesischer Stellen so zu antworten.[141]

Die internationale Kritik am Kurs der Bundesrepublik, die vor allem durch die afrikanischen Nachbarländer der portugiesischen Territorien formuliert wurde, gewann seit den Jahren 1969 und 1970 zunehmend an Schärfe. Eines der ausschlaggebenden Ereignisse dafür war die portugiesische Militäraktion *Operação Mar Verde* gegen den südlichen Nachbarstaat von Guinea-Bissau, Guinea-Conakry. Im November des Jahres 1970 griffen portugiesische Soldaten zusammen mit guineischen Oppositionellen in einer Kommandoaktion die Hauptstadt Conakry an, um das dort ansässige Hauptquartier der PAIGC zu zerstören und einen Staatsstreich gegen die Regierung Guinea-Conakrys unter Ahmed Sékou Touré zu inszenieren, welche die Befreiungsbewegung in der portugiesischen Kolonie unterstützte.[142] Die Regierung in Conakry erhob im Anschluss an die portugiesische Militäroperation auch schwere Vorwürfe gegen die Bundesregierung und warf deutschen Staatsbürgern vor Ort vor, diese wären an der Vorbereitung und Ausführung des Angriffs beteiligt gewesen. Alle westdeutschen Staatsangehörigen wurden ausgewiesen und im Januar 1971 brach Conakry die diplomatischen Beziehungen mit Bonn ab. Afrikanische Staaten reagierten empört über den Vorfall, der die antiwestliche Stimmung vielerorts verhärtete. Obwohl der Vorwurf der Unterstützung an alle NATO-Verbündeten Portugals adressiert war, standen besonders die Vorwürfe gegen die Bundesrepublik während der sogenannten »Guinea-Krise« im Vordergrund.[143]

Ein weiteres Ziel der Kritik afrikanischer Staaten an der westdeutschen Politik konzentrierte sich auf das Cabora-Bassa-Projekt. Wortführend waren hier der sambische Präsident Kenneth Kaunda und der Regierungschef Tansanias Julius Nyerere. Im AA bemerkte man dazu,

[141] Ebd.
[142] Vgl.: Afonso; Gomes, S, 501–504.
[143] Vgl.: Lopes, S. 25–27.

dass kein anderer Verbündeter Portugals so schwer in der Kritik stehe wie die Bundesrepublik.[144] Doch Bonn wusste sich nach dem Scheitern der diplomatischen Initiativen des Jahres 1970 und der nach außen getragenen Distanz zu Lissabon nicht besser zu helfen und sah keine Alternative als die Beziehungen zu Portugal und ebenso Apartheid-Südafrika »aus eigenen Wirtschafts- und Sicherheitsinteressen« fortzusetzen.[145] Gleichzeitig forderte Außenminister Walter Scheel (FDP) vom Bundeskanzler Einstimmigkeit in der Bundesregierung. Aufgrund der Kritik von SPD-Mitgliedern an der deutsch-portugiesischen Kooperation wies er darauf hin, dass Brandt bereits als Außenminister diese Politik mitgetragen habe.[146]

Insgesamt beurteilt der portugiesische Historiker Rui Lopes das Vorgehen der Brandt-Regierung als »nachsichtige Politik gegenüber dem Lissaboner Regime, mit sporadischen Anpassungen und Zugeständnissen an kritische Kräfte.«[147]

Die deutsche Industrie und Wirtschaft reagierten ebenfalls auf die schwierigeren Beziehungen Westdeutschlands zu Portugal Anfang der 1970er-Jahre. Da die Bundesrepublik mittlerweile zu einem wichtigen Handelspartner Portugals geworden war und deutsche Unternehmen nach der Liberalisierung der Wirtschaftspolitik Lissabons kräftig in Portugal und auch den Überseegebieten investiert hatten (siehe Kapitel 5), forderten Lobbyverbände von der Politik, gute Beziehungen zu Portugal zu wahren.[148]

Zumindest auf einem Gebiet der internationalen Diplomatie blieb der Bundesrepublik der »Spagat« zwischen Portugal und den afrikanischen Staaten für längere Zeit erspart. Da Westdeutschland in den Vereinten Nationen nur Beobachterstatus innehatte, konnte die bundesdeutsche UNO-Delegation nicht an Abstimmungen teilnehmen und war nicht gezwungen, sich öffentlich für oder gegen Portugal zu positionieren. Auch beschlossene UNO-Resolutionen blieben ohne direkte Auswirkungen auf das deutsch-portugiesische Verhältnis. Bonn fühlte sich beispielsweise nicht verpflichtet, die UN-Waffenembargos gegen

144 Vgl.: Lopes, S. 19 und AAPD, 1972, Bd. II, Dok. 157, S. 647–651: 1. Juni 1972: Aufzeichnungen von Reitberger, S. 649–650.

145 AAPD, 1973, Bd. II, Dok. 253, S. 1267–1270: 17. August 1973: Scheel an Brandt, S. 1268.

146 Vgl.: Ebd., S. 1268–1270.

147 »[...] lenient policy towards the Lisbon Regime, with sporadic adjustments and concessions to critical forces.«, Lopes, S. 242, eigene Übersetzung.

148 Vgl.: Lopes, S. 90.

Portugal einzuhalten (siehe Kapitel 4).[149] Erst im September 1973 traten die DDR und die Bundesrepublik der UNO bei. Dadurch wurde für die Regierung in Bonn auch hier die Konfrontation mit der portugiesischen Ultramar-Problematik unvermeidbar. Bei seiner Antrittsrede vor den Vereinten Nationen fand Willy Brandt deutliche Worte gegen den Kolonialismus, äußerte sich aber nicht zur Problematik der portugiesischen Territorien.[150]

Zwischen dem UN-Beitritt der Bundesrepublik im September 1973 und der Nelkenrevolution im April 1974 und der darauf folgenden Unabhängigkeit für Portugals afrikanische Kolonien, enthielt sich die westdeutsche UN-Delegation bei Abstimmungen in der Generalversammlung, die Portugal und die Kriege in Afrika direkt betrafen – so zum Beispiel Resolution 3113, die die einseitig erklärte Unabhängigkeit Guinea-Bissaus anerkennen sollte. Allerdings stimmte die Bundesrepublik für Resolution 3110, die sich generell gegen den Kolonialismus richtete und damit auch Portugal verurteilte.[151]

3.4 Zusammenfassung

Die im Laufe der 1960er-Jahre entstandenen engen wirtschaftlichen und militärischen Bande zwischen Lissabon und Bonn wurden auch von freundschaftlichen diplomatischen Beziehungen begleitet. Unter den Bundesregierungen von Adenauer, Erhard und Kiesinger wurde eine Besuchsdiplomatie betrieben, die vom international isolierten Re-

149 Vgl.: Fonseca, S. 121 und Schroers, S. 54. Am 31. Juli 1963 verabschiedet der UN-Sicherheitsrat Resolution 180, die alle Staaten dazu aufforderte, ab sofort der portugiesischen Regierung keine Unterstützung mehr zu leisten, die es dem Regime ermöglichte die Repression der Bevölkerung in portugiesisch-verwalteten Gebieten fortzusetzen. Des Weiteren sollten alle Staaten Maßnahmen unternehmen, die den Verkauf von Waffen und militärischer Ausrüstung sowie von Mitteln für deren Instandhaltung an die portugiesische Regierung verhinderten. Am 4. Februar 1972 wurde eine weitere Resolution verabschiedet, die alle Staaten dazu aufforderte, die notwendigen Maßnahmen zu ergreifen, um den Verkauf und die Bereitstellung von Waffen und militärischer Ausrüstung an die portugiesische Regierung zu verhindern. Dazu zählten auch der Verkauf und die Lieferung von Ausrüstung und Materialien zur Herstellung oder Instandhaltung von Waffen und Munition in Gebiete unter portugiesischer Verwaltung; vgl. Knight, W. Andy: The United Nations and Arms Embargoes Verification, New York 1998, S. 41.

150 Vgl.: Lopes, S. 198–199 und Schroers, S. 118.

151 Vgl.: Ebd., S. 119 und Lopes, S. 200.

gime in Lissabon positiv aufgenommen wurde.[152] Auf dem diplomatischen Parkett hielt sich die Bonner Regierung zu der Frage der portugiesischen Ultramar-Politik vornehm zurück. Internationale Kritik wurde nicht geübt. Da die Bundesrepublik während der 1960er-Jahre nur Beobachterstatus in den Vereinten Nationen genoss und nicht an Abstimmungen beteiligt war, waren die westdeutschen Diplomaten nicht gezwungen, sich öffentlich für oder gegen Portugal auszusprechen. Dennoch sah sich die bundesdeutsche Außenpolitik stets mit dem Dilemma konfrontiert, einerseits ein positives Verhältnis zum NATO-Partner Portugal zu pflegen und andererseits gute Beziehungen zu den afrikanischen Staaten aufzubauen. Die Sympathien konservativer Kräfte in Westdeutschland für Portugal und das Salazar-Regime wurden auch von einigen Politikern in hohen Regierungsämtern geteilt. Manch einer sah sich angesichts der internationalen Kritik an Lissabon sogar dazu veranlasst, entgegen der zurückhaltenden offiziellen Linie der Bundesregierung, öffentlich für Portugal und seine Ultramar-Politik Stellung zu beziehen.

Die SPD hatte sich in der Opposition kritisch zur deutsch-portugiesischen Kooperation geäußert. Die Beteiligung der Sozialdemokraten an der Regierung ab 1966 und die SPD-geführte Bundesregierung ab 1969 beeinträchtigten die wirtschaftliche und militärische Zusammenarbeit zwischen Bonn und Lissabon aber nicht sonderlich.[153] Trotz der Kritik aus der eigenen Partei und den Verbindungen der SPD-nahen FES zu den afrikanischen Befreiungsbewegungen hielt Bundeskanzler Brandt an der Zusammenarbeit mit Lissabon fest. Zaghafte Versuche der Bundesrepublik, eine diplomatische Lösung des Konfliktes anzuregen, scheiterten im Laufe des Jahres 1970.

Die Bundesregierung unter Brandt sah sich Anfang der 1970er-Jahre mit massiver internationaler Kritik konfrontiert. Nach außen hin versuchte Bonn daher, das deutsch-portugiesische Verhältnis distanzierter darzustellen. Die bestehende Kooperation wurde aber fortgesetzt. Auch in der deutschen Öffentlichkeit gab es Kritik an der Linie der Bundesregierung. Bonn reagierte auf die zumeist von studentischen und kirchlichen Organisationen getragenen Proteste im Sinne des deutsch-portugiesischen Verhältnisses und versuchte, sie einzudämmen, wo es nur ging. Die deutsche Kooperation mit Portugal und der Krieg in Afrika wurden zwar zu einem sensiblen Thema in der bundes-

152 Vgl.: Schroers, S. 31.
153 Vgl.: Fonseca; Marcos, S. 132.

deutschen Öffentlichkeit, hatten aber kein entscheidendes politisches Gewicht.

Mit dem Beitritt der beiden deutschen Staaten zu den Vereinten Nationen im September 1973 sah sich die Bundesregierung in der internationalen Öffentlichkeit mit dem Problem des portugiesischen Krieges in Afrika konfrontiert. Bonn versuchte, eine Portugal-kritische Position zu vermeiden. Durch ein Votum gegen den Kolonialismus in Afrika wurde wenige Monate vor der Nelkenrevolution und dem Ende des Estado Novo erstmals auch international indirekte Kritik an Lissabon geübt.

4 Die militärische Kooperation

Als sich Ende der 1950er-Jahre die deutsch-portugiesischen Beziehungen intensivierten, knüpften die Regierungen an Rhein und Tejo auch erste militärische Verbindungen, die sich in den 1960er-Jahren zu einer Partnerschaft im Interesse beider Staaten entwickelten.

Die militärische Zusammenarbeit der NATO-Partner äußerte sich auf mehreren, miteinander verknüpften Ebenen. Portugal wollte seine Streitkräfte modernisieren und führte ab 1961 in seinen afrikanischen Kolonien einen Krieg an drei Fronten. Dafür benötigten die Regierung in Lissabon und die portugiesischen Militärs moderne Waffen und Ausrüstung, die sie nur aus dem Ausland beziehen konnten. Die Bundesrepublik Deutschland hingegen suchte Anfang der 1960er-Jahre Standorte in Westeuropa, die weit genug entfernt lagen, um – im Fall eines Krieges mit dem Ostblock – als Stützpunkte für strategische Reserven dienen zu können. Mit der zunehmenden internationalen Isolation Portugals lag es außerdem im Interesse Bonns, ebenso wie der anderen NATO-Partner, das geostrategisch wichtige Land im westlichen Verteidigungsbündnis zu halten.

Diese gegenseitigen Interessen führten zu einer vielschichtigen Interaktion zwischen deutschen und portugiesischen Militärs, Politikern und Rüstungslieferanten, die auf Leistungen und Gegenleistungen basierte. Das folgende Kapitel versucht, den Komplex der militärischen Kooperation zwischen Bonn und Lissabon daher in mehrere thematische Abschnitte zu gliedern, um einen detaillierten Blick auf die einzelnen Aspekte zu erlauben. Aufgrund der Verknüpfungen von Leistung und Kompensation sind Querverweise und Überschneidungen zwischen den folgenden Abschnitten unvermeidbar. Der parallele Ablauf der Prozesse erschwert eine chronologische Betrachtung. Das Kapitel gliedert sich daher wie folgt: Die portugiesische Regierung erlaubte der Bundesrepublik die Einrichtung militärischer Stützpunkte in Portugal (Abschnitt 4.2). Als Ausgleich für das Entgegenkommen Lissabons leistete Westdeutschland Hilfe bei der Modernisierung der portugiesischen Rüstungsindustrie (Abschnitt 4.1) und lieferte Rüstungsmaterial (Abschnitt 4.3). Der Einsatz deutscher Waffen und Rüstungsgüter durch die Portugiesen in Afrika stellte einen der Hauptkritikpunkte dar, mit denen sich die Bundesrepublik konfrontiert sah. Daher versuchte die Bonner Regierung eine Vertragsklausel zu etablieren, die den Einsatz des entsprechenden Materials in Afrika ausschloss; die sogenannte Endverbleibsklausel (Abschnitt 4.4).

Zunächst folgen jedoch ein kurzer Überblick über die anfängliche Entwicklung der militärischen Beziehungen sowie der Aspekt der geheimdienstlichen Kooperation, der sich in die thematischen Abschnitte nicht einordnen lässt.

Der Ursprung der militärischen Beziehungen zwischen Portugal und Deutschland lässt sich bis in die 1930er-Jahre zurückverfolgen. Der junge Estado Novo erhielt Mitte des Jahrzehntes erstmals Waffen und Munition aus deutscher Fabrikation. Die Rüstungslieferungen aus dem Deutschen Reich an das Salazar-Regime waren zu Beginn auf kleine Mengen begrenzt und erreichten ihren ersten Höhepunkt während des Bürgerkrieges im benachbarten Spanien. Ab 1938 bezog Portugal vermehrt Waffen und Rüstungstechnik aus Deutschland. Obwohl sich Lissabon für neutral erklärte, kaufte die portugiesische Regierung auch während des Zweiten Weltkrieges Infanteriewaffen und Geschütze aus deutschen Rüstungsbetrieben. Die Waffenlieferungen erreichten 1941 und 1943 ihre Höhepunkte.[154] Unterbrochen durch die deutsche Niederlage im Zweiten Weltkrieg und die unmittelbaren Nachkriegsjahre, lebten die militärischen Beziehungen durch den Eintritt Westdeutschlands in die NATO 1955 wieder auf.

Im Jahr 1959 tauschten die Regierungen in Bonn und Lissabon Militärattachés aus und die neugegründete Bundeswehr bestellte Munition aus portugiesischen Betrieben. Im Januar 1960 reiste Bundesverteidigungsminister Strauß nach Lissabon und unterzeichnete dort ein als »Logistik-« oder »Verwaltungsvereinbarung« deklariertes Abkommen. Dieser Vertrag bildete die Grundlage für die deutschen Stützpunktpläne in Portugal und die weitere Entwicklung der militärischen Beziehungen zwischen Bonn und Lissabon.[155] Bis 1969 wurden weitere 26 Verträge und Abkommen unterzeichnet, die neben der Errichtung eines bundesdeutschen Luftwaffenstützpunktes in Portugal auch die Lieferungen von Rüstungsgütern und -technologie sowie Ausbildungshilfe für portugiesische Techniker und eine gemeinsame Nachschubplanung beinhalteten.[156] Um die militärische Zusammenarbeit zu koordinieren, wurde 1963 die *gemischte deutsch-portugiesische*

[154] Vgl.: Hallbauer, S. 96–98 und Tavares, João Moreira: Indústria Militar Portuguesa – No tempo da guerra 1961–1974, Casal de Cambra 2005, S. 33.

[155] Vgl.: PA AA, B 26, Bd. 111, Informationen zur Innen- und Außenpolitik Portugals, Oktober 1960: Militärische Beziehungen, S. 26–27.

[156] Vgl.: Hallbauer, S. 127–128 und Fonseca; Marcos, S. 126.

Kommission (Comissão Mista Luso-Alemão, CMLA) ins Leben gerufen. Das BMVg richtete im November des gleichen Jahres die *Zentrale Deutsche Verbindungsstelle in Portugal* (ZDVP) in Lissabon ein, die mit Personal der Bundeswehr besetzt wurde. Die ZDVP diente als deutsche Vertretung in der gemischten Kommission und sollte den Bau der Stützpunkte und die Rüstungslieferungen koordinieren und überwachen.[157]

Von der Wissenschaft bisher nahezu unbeachtet, gab es neben den militärischen Beziehungen auch eine Kooperation der westdeutschen und portugiesischen Geheimdienste. Bereits seit 1956 existierten Kontakte zwischen der portugiesischen Geheimpolizei PIDE und der *Organisation Gehlen*, dem späteren *Bundesnachrichtendienst* (BND). Es gab einen Informationsaustausch über mögliche sowjetische Agenten und deren Aktivitäten in Europa und den portugiesischen Kolonien. Ab 1969 lieferte der BND vereinzelt Informationen über die Tätigkeiten der afrikanischen Befreiungsbewegungen in Sambia an die Portugiesen, woraus sich schließen lässt, das die westdeutschen Spione Kontakte oder Informanten vor Ort hatten.[158]

Mitte des Jahres 1970 besuchte eine Delegation der mittlerweile in DGS (*Direção-Geral de Segurança*, Zentrale Sicherheitsdirektion) umbenannten portugiesischen Geheimpolizei das Hauptquartier des BND in Pullach bei München. Die deutschen Geheimdienstler erklärten sich bereit, ihren portugiesischen Kollegen bei der *Operação Simba* behilflich zu sein – einem Lauschangriff auf die Kommunikation der Sicherheitskräfte Tansanias. Da die Bundesrepublik den Streitkräften Tansanias Ausrüstungsgegenstände geliefert hatte, sollte der BND die Technik stellen und die portugiesischen Agenten schulen. Im Gegenzug baten die deutschen Geheimdienstler darum, durch monatliche Berichte Einsicht in die Ergebnisse zu bekommen.[159] 1973 konnte der BND die PIDE/DGS über eine chinesische Waffenlieferung an die afrikanischen »guerrilheiros« informieren. Als Ausgleich baten die deutschen Spione im Mai desselben Jahres um Informationen über sowjetische Luftabwehrraketen vom Typ »Strela«, die die Portugiesen in Guinea-Bissau von der PAIGC erbeutet hatten.[160]

157 Vgl.: Hallbauer, S. 142–145 und Schroers, S. 43–44.
158 Vgl.: Mateus, S. 369–370.
159 Vgl.: Ebd., S. 370.
160 Vgl.: Ebd. und Lopes, S. 157–158.

4.1 Deutsche Hilfe beim Aufbau der portugiesischen Rüstungsindustrie

In Portugal gab es bereits seit Jahrhunderten (teil-)staatliche Einrichtungen und Arsenale, die für eine Versorgung und Ausrüstung der Streitkräfte zuständig waren. In der ersten Hälfte des 20. Jahrhunderts entwickelten sich diese Fabriken, Werkstätten und Versorgungsbetriebe unter der staatlichen Leitung des Salazar-Regimes jedoch erstmalig zu einem Level, das man als »industriell« bezeichnen konnte. Die portugiesische Militärindustrie litt aber weiterhin unter technischer Rückständigkeit und eingeschränkten Produktionsmöglichkeiten. Grundlegende Produkte wie Uniformen, Gebrauchsgegenstände und Nahrung konnten in ausreichendem Maß produziert werden, um den Erhalt der Armee zu sichern. Doch die portugiesischen Betriebe waren technisch nicht in der Lage, Waffen und bestimmte Munition sowie Fahr- und Flugzeuge selbst herzustellen.[161]

Der NATO-Beitritt 1949 bedeutete für das portugiesische Militär daher eine schrittweise Modernisierung und eine »gemächliche Revolution«.[162] Im Rahmen des Verteidigungsbündnisses wurden nach und nach moderne Waffen und Equipment aus dem Ausland importiert und Angehörige der Streitkräfte durch die Armeen verbündeter Nationen ausgebildet. Rüstungshilfe aus den USA ermöglichte beispielsweise die Modernisierung der veralteten portugiesischen Luftwaffe (*Força Aera Portuguesa*, FAP). In den 1950er-Jahren begann die portugiesische Militärindustrie ebenfalls durch US-Hilfe mit der Produktion von NATO-Munition. Anlagen für die Produktion von Artillerie- (Kaliber 10,5 cm) und Infanteriemunition (Kaliber 7,62 mm und 9 mm) wurden eingerichtet und die Produktion an die US-Truppen in Europa sowie an die Schweiz, Dänemark und Spanien geliefert.[163]

Die Betriebe der portugiesischen Militärindustrie waren teilweise staatlich organisiert. Manche unterstanden direkt der Armee und dem Verteidigungsministerium, wieder andere waren private Unternehmen, deren wichtigster Kunde der Staat war. Bedeutende Standorte, die besonders von den Modernisierungsmaßnahmen profitierten und für den Export produzierten, waren die *Fábrica Militar de Braço da Prata* (FMBP),

[161] Vgl.: Tavares, S. 35.
[162] Ebd., S. 41, eigene Übersetzung.
[163] Vgl.: Ebd., S. 41–42.

die *Fábrica Nacional de Munições de Armas Ligeiras* (FNMAL) und die *Oficinas Gerais de Material Aeronáutico* (OGMA).[164]

Mit den neu entstandenen militärischen Beziehungen zwischen Portugal und der Bundesrepublik bekundete auch die 1955 gegründete Bundeswehr Interesse an den Produkten der portugiesischen Rüstungsindustrie. Da die Bundesrepublik Ende der 1950er-Jahre nur über eine begrenzte Anzahl an eigenen Rüstungsbetrieben verfügte und sich die Militärindustrie in Westdeutschland zunächst neu konstituieren musste, war Bonn auf Importe angewiesen, um die neugegründeten Streitkräfte auszurüsten.[165] Um das Handelsdefizit in den Wirtschaftsbeziehungen mit Portugal auszugleichen, bot sich eine Bestellung von Munition in portugiesischen Waffenfabriken an. Im März 1959 orderte Bonn 450.000 Schuss Artilleriemunition im Kaliber 10,5 cm und 120 Mio. Schuss 7,62 mm Infanteriemunition. Der Stahl dafür sollte aus der Bundesrepublik bezogen werden, um den Preis gegenüber anderen Angeboten konkurrenzfähig zu machen. Im Dezember 1959 wurden zusätzlich 4,5 Mio. Handgranaten vom Typ DM41 bestellt. Für diesen Auftrag stattete Westdeutschland Portugal mit Werkzeugen, Maschinen und Plänen für die Herstellung der Sprengkörper aus. Im September 1960 folgte eine weitere Bestellung über 100 Mio. Schuss Infanteriemunition.[166] Das AA bezifferte das Gesamtvolumen der deutschen Aufträge an die portugiesische Rüstungsindustrie, die bis Ende 1959 erteilt worden waren, mit 122 Mio. DM.[167]

1962 erteilte die Bundesrepublik den Portugiesen einen weiteren Auftrag zur Produktion von über 120 Mio. Schuss Infanteriemunition sowie 20 Mio. Leuchtspurgeschossen. Um diese Mengen im geplanten Zeitraum herstellen zu können, wurden die Kapazitäten der mit der Produktion beauftragten FNMAL um 50 % ausgebaut. Für die Produktion der Leuchtspurgeschosse wurden neue Maschinen angeschafft und eine neue Produktionsstraße errichtet. Im Dezember 1963 erfolgten die letzten deutschen Aufträge für Infanteriemunition. Dieses Mal wurden 210 Mio. Schuss geordert, wovon 20 Mio. Leuchtspurgeschosse sein sollten.[168]

Die Bundesrepublik half aber nicht nur beim Aufbau von Produk-

[164] Vgl.: Ebd., S. 38–40 und 45.
[165] Vgl.: Schroers, S. 37.
[166] Vgl.: Tavares, S. 43–44.
[167] Vgl.: PA AA, B 26, Bd. 111, Informationen zur Innen und Außenpolitik Portugals, Oktober 1960: Militärische Beziehungen, S. 26–27.
[168] Vgl.: Tavares, S. 63.

tionsmöglichkeiten für NATO-Gewehrmunition in Portugal, sondern lieferte das passende Schnellfeuergewehr auch noch gleich dazu: das G3.

Der Vorgänger dieser Waffe wurde von der deutschen Firma *Mauser* in der Endphase des Zweiten Weltkrieges entwickelt. Nach der Kriegsniederlage wurden deutsche Ingenieure und Waffenkonstrukteure vom franquistischen Spanien angeworben, wo am *Centro de Estudios Técnicos de Materiales Especiales* (CETME – Zentrum für technische Studien und Spezialmaterial) aus den Plänen von Mauser 1951 der erste Prototyp entstand. 1953 bekundeten die im Aufbau befindlichen westdeutschen Streitkräfte Interesse am CETME-Gewehr.[169] Ab 1957 wurden Verhandlungen auf staatlicher Ebene geführt, da die Bundesrepublik sich eine eigene Produktion und den Export der Waffe vorbehielt. Während die westdeutschen Waffenhersteller *Rheinmetall* und *Heckler & Koch* (H&K) das CETME-Gewehr zum G3 weiterentwickelten und 1959 mit der Produktion für die Bundeswehr begannen, erhob die spanische Regierung im Januar 1960 Einspruch gegen die deutschen Pläne, die Waffe in Drittländer zu exportieren. Erst im März 1962 – nach fünfjährigen Verhandlungen – erzielten die Bundesrepublik und Spanien eine Einigung in beiderseitigem Einvernehmen, die den deutschen Rüstungsbetrieben eine eigene Produktion und Vermarktung des G3-Gewehres zusicherte.[170]

Im Zuge der Modernisierung der Streitkräfte waren die portugiesischen Militärs ebenfalls auf der Suche nach einem modernen Schnellfeuergewehr nach NATO-Standards. Im Laufe der 1950er-Jahre testete die portugiesische Armee mehrmals das CETME-Gewehr. Bereits zum Jahreswechsel 1959/1960 bot das BMVg der Regierung in Lissabon einen günstigen Vertrag für die Lizenzfertigung der deutschen Version der Waffe in Portugal an. Dieses Angebot drängte die Spanier aus dem Geschäft und sorgte für die bereits beschriebenen Spannungen in den Verhandlungen zwischen Spanien und der Bundesrepublik.[171]

Der Vertrag zwischen Bonn und Lissabon über die Produktion des G3 beinhaltete die Bedingung, dass über einen Zeitraum von zehn Jahren 2,5 % des Wertes der produzierten Waffen als Lizenzgebühr an die deutschen Unternehmen bezahlt werden sollten. Des Weiteren mussten

[169] Vgl.: Kersten, Manfred; Schmid, Walter: Heckler & Koch – Die offizielle Geschichte der Oberndorfer Firma Heckler & Koch, Wuppertal 1999, S. 370–371.

[170] Vgl.: Ebd., S. 372–373.

[171] Vgl.: Ebd., S. 142–143.

die Portugiesen Kaufanfragen aus dem Ausland an diese melden und durften die Waffe nur mit Genehmigung von Heckler & Koch und der Bundesregierung in Drittländer exportieren.[172]

Ab 1961 wurde die Produktion des G3 bei der FMBP in Lissabon vorbereitet. Nach der Einigung zwischen spanischen und deutschen Stellen über die Lizenz und dem Erhalt der entsprechenden Werkzeuge und Maschinen aus der Bundesrepublik konnte in Portugal 1962 mit der Fertigung begonnen werden. Im Juni 1962 bestellte das BMVg 50.000 G3-Gewehre bei der FMBP, da die Produktionskapazitäten in Westdeutschland den Bedarf der Bundeswehr noch nicht decken konnten. Bei der FMBP wurden zunächst nur die Rohre und Magazine hergestellt und die Waffen mit importierten Teilen aus der Bundesrepublik fertig montiert. Im Laufe der 1960er-Jahre produzierte die FMBP immer mehr Komponenten selbst. Ende 1967 waren die Portugiesen in der Lage, 84 % der Teile selbst herzustellen.[173]

Doch bis zum Ende des Kolonialkrieges war die Fertigung der Schnellfeuergewehre in Portugal weiterhin von der Lieferung von Klein- und Verschleißteilen aus Westdeutschland abhängig. Ausfuhrgenehmigungen aus dem AA belegen, dass Anfang der 1970er-Jahre regelmäßig Lieferungen aus dem Oberndorfer Werk von Heckler & Koch nach Portugal gingen. Zur Begründung heißt es, dass aufgrund der geringen benötigten Mengen eine eigene Produktion gewisser Komponenten in Portugal unwirtschaftlich sei.[174] Ab Mai 1973 kam es daher zu Lieferschwierigkeiten in der portugiesischen Waffenproduktion, als die benötigten Teile aus der Bundesrepublik fehlten.[175]

Für die portugiesischen Kriegsanstrengungen war die eigenständige Produktion des Schnellfeuergewehres von elementarer Bedeutung. Ein Blick auf die Ausrüstung der 1961 vom Kriegsausbruch überraschten portugiesischen Streitkräfte zeigte ein Sammelsurium von Infanteriewaffen verschiedenster Art, Kaliber und Hersteller. Dies brachte Schwierigkeiten bei der Versorgung mit Munition und Ersatzteilen mit sich. Durch die Produktion des G3 in staatseigenen Betrieben konnte

[172] Vgl.: Tavares, S. 64.

[173] Vgl.: Ebd.

[174] Vgl.: PA AA, B 57, Bd. 918, Referat I A 4 an III A 4, Betr.: Genehmigung von Ausfuhr von Einzelteilen vom automatischen Gewehr G 3 und Maschinengewehr HK 21 ohne Rohre und Verschlüsse, 6. Mai 1970. Tavares berichtet, dass die Produktion in Portugal 1973 auf den Import von Kleinteilen für den Verschluss der Waffe (»cabeça da culatra«) angewiesen war; vgl. Tavares, S. 64, Anm. 114.

[175] Vgl.: Tavares, Anhang 16, S. 210.

die portugiesische Armee mit einer einheitlichen Bewaffnung ausgerüstet und die Kosten für die Anschaffung der Gewehre reduziert werden. Nachdem eine genügende Anzahl von Gewehren hergestellt worden war, um die kämpfenden Truppen in Afrika auszurüsten, wurde das G3 im September 1965 endgültig zur Standardwaffe der portugiesischen Soldaten erklärt.[176]

Auch die Produktionszahlen zeigen die Bedeutung der Waffe für Portugals Kriege in Afrika. Vom Beginn der Produktion 1962 bis zum Januar 1974 wurden insgesamt 298.395 G3-Gewehre in Portugal hergestellt.[177] Nicht umsonst bezeichnet der portugiesische Historiker José Telo das G3 als »die Waffe, die den Krieg in Afrika führte«.[178]

Laut Friedensaktivist Jürgen Grässlin wurde mit dem Export der Lizenzproduktion des G3 nach Portugal unter der Ägide von Verteidigungsminister Franz Josef Strauß nicht nur ein Präzedenzfall für die westdeutsche Rüstungsexportpolitik geschaffen, sondern auch ein Trick genutzt, um die Verfassung der Bundesrepublik zu umgehen. Im Jahr 1961 initiierte Strauß mit dem Kriegswaffenkontrollgesetz (KWKG) und dem Außenwirtschaftsgesetz (AWG) die Formulierung zweier bis heute gültiger Ausführungsgesetze, anstatt, wie verfassungsmäßig vorgesehen, eines Bundesgesetzes. Während das KWKG eine vermeintlich strenge Kontrolle über die Produktion und den Vertrieb von Kriegswaffen in Deutschland darstellt, ist das AWG eine sehr wirtschaftsfördernde Verordnung, »denn erlaubt ist zunächst erst einmal alles, was nicht explizit verboten ist.«[179]

Dem Handel mit unter das AWG fallendem »Dual-Use«-Material und »sonstigen Rüstungsgütern« wurde damit im Sinne der Exportförderung ein enormer Boom ermöglicht. Durch die Lieferung von Produktionsmitteln und Fabrikationsanlagen für Munition und Waffen beteiligten sich die Bundesregierung und die westdeutsche Wirtschaft an der weltweiten Verbreitung todbringender Waffen. Portugal war 1961 das erste Land, das von Bonn die Lizenz erhielt, das Schnellfeuergewehr G3 selbstständig zu produzieren. Fünfzehn weitere Staaten erhielten von der Bundesrepublik die Lizenz und das Material zur Produktion des G3. Dadurch wurde das Gewehr eine der weltweit meist-

176 Vgl.: Afonso; Gomes, S. 358–359.

177 Vgl.: Tavares, Anhang 12, S. 206.

178 Telo, As Guerras de África, S. 363, »[…] a arma que fez a guerra de África.«, eigene Übersetzung.

179 Grässlin, Jürgen: Schwarzbuch Waffenhandel. Wie Deutschland am Krieg verdient, München 2013, S. 28. Vgl. auch ebd., S. 26–27.

verbreiteten Handfeuerwaffen und Westdeutschland stieg zu einem der weltweit größten Rüstungsexporteure auf.[180]

Die Zusammenarbeit zwischen Heckler & Koch und der FMBP umfasste auch Studien zur Verbesserung des G3-Gewehres. 1971 bat Heckler & Koch um eine Exporterlaubnis für 1.500 Versuchsrohre, die in Zusammenarbeit mit einem portugiesischen Ingenieur nach einer neuen Fertigungstechnik hergestellt worden waren. Anhand weiterer Tests wollten die Portugiesen entscheiden, ob sie diese neue Fertigungstechnik übernehmen würden. Das AA hatte keine Einwände gegen die technologische Kooperation zwischen Oberndorf und Lissabon und das BMWi erteilte grünes Licht für die Ausfuhr.[181]

Neben dem G3 erhielten die portugiesischen Soldaten noch ein weiteres Tötungswerkzeug aus der Waffenschmiede von Heckler & Koch. Das Maschinengewehr HK21 war 1961 aus dem Entwurf des G3 entwickelt worden und ein Teil der Konstruktion war baugleich. Dies machte die Waffe für die Portugiesen besonders attraktiv, da die Produktion und Ersatzteilversorgung dadurch erheblich erleichtert wurden.[182]

Bis zum Jahreswechsel 1968/1969 waren bereits über 1300 Maschinengewehre aus der Bundesrepublik nach Portugal geliefert worden und im Laufe des Jahres 1969 wurde die Lieferung von weiteren 2100 Exemplaren genehmigt.[183] Schon 1967 waren sich die Bundesregierung, Heckler & Koch und die portugiesische Regierung über eine Lizenzproduktion des Maschinengewehrs in Portugal einig geworden. Diese lief jedoch im Laufe des Jahres 1968 nur mit Verzögerung an. Um den dringenden Bedarf der portugiesischen Streitkräfte für die Waffe zu decken, wurden daher zwischen 1968 und 1969 zusätzlich über 3000 fertig montierte Maschinengewehre aus Westdeutschland geliefert.[184]

Ähnlich wie beim G3 waren die portugiesischen Betriebe abermals

[180] Vgl.: Ebd. S. 28, 32 und 120.

[181] Vgl.: PA AA, B 26, Bd. 447, Referat III A 4 an Referat I A 4, Betr.: Antrag der Firma Heckler & Koch auf Ausfuhr von 1.500 Rohren für das G 3, 19. Januar 1971 und PA AA, B 57, Bd. 918, BMWi, Genehmigung nach dem Gesetz über die Kontrolle von Kriegswaffen vom 20.4.1961, vom 2. Oktober 1971.

[182] Vgl.: Kersten; Schmid, S. 276.

[183] Vgl.: PA AA, B 26, Bd. 400, Anträge von Heckler & Koch, o. Dat und PA AA, B 26, Bd. 400, Referat I A 4, Vermerk, Betr.: Gesetz über Kontrolle von Kriegswaffen, vom 17. September 1969.

[184] Vgl.: PA AA, B 26, Bd. 400, Referat III A 4, Vermerk, Betr.: Exporte von Waffen und Kriegsmaterial nach Portugal, vom 26. Februar 1969 und PA AA, B 57, Bd. 757, Referat III A 4, Aufzeichnung, Betr.: Lieferung von Maschinengewehren HK 21 7,62 mm an Portugal, 19. August 1969.

auf die Zulieferung bestimmter Teile aus dem Heckler & Koch-Stammwerk angewiesen. Das AA wies bei einem Ausfuhrantrag der Firma im Jahr 1970 darauf hin, dass der Export von Komponenten für die Produktion in Portugal kein Problem darstelle, aber die Lieferung von fertig montierten Waffen einzustellen sei.[185] Der konstanten Kritik konnte die Bundesrepublik so nämlich mit dem Umstand entgegnen, dass die von Lissabons Soldaten in Afrika eingesetzten Waffen aus der eigenen portugiesischen Produktion stammten und nicht von westdeutschen Unternehmen geliefert wurden.

Ähnlich wie beim G3 kam es auch beim HK21 im Mai 1973 zu Produktionsengpässen, da die aus der Bundesrepublik gelieferten Komponenten fehlten. Im Gegensatz zum Schnellfeuergewehr G3 waren dies beim MG aber nicht nur Kleinteile der Mechanik sondern größere Teile der Konstruktion und Zubehör, wie Griffe und Lafetten.[186] Unterlagen aus dem AA belegen, dass dies ein Teil der Abmachung für die Lizenzfertigung gewesen sein muss und dass regelmäßige Exporte von Zubehörteilen für die Maschinengewehre »ohne politische Bedenken« genehmigt wurden.[187] Vom HK21 wurden während des Kolonialkrieges insgesamt 7.309 Exemplare in der Waffenfabrik von *Braço da Prata* in Lissabon hergestellt.[188]

Im Zuge der Pläne für die Errichtung eines deutschen Luftwaffenstützpunktes in Beja schloss die Bundesrepublik mehrere Verträge mit dem staatlichen portugiesischen Luftfahrtunternehmen OGMA in Alverca nahe Lissabon, welches die Wartung deutscher Flugzeuge übernehmen sollte (siehe auch Abschnitt 4.2).[189] Der Standort Portugal hatte für Wartungsarbeiten an Flugzeugen mehrere Vorteile. Die Reparatur und Instandsetzung der komplizierten Motoren war arbeitsintensiv und erforderte viel Handarbeit. Durch die niedrigen Lohnkosten in Portugal konnte der hohe Personalaufwand verhältnismäßig günstig gehalten werden. Dazu kam das trockene portugiesische Klima, was

[185] Vgl.: PA AA, B 57, Bd. 918, Referat I A 4 an III A 4, Betr.: Genehmigung von Ausfuhr von Einzelteilen vom automatischen Gewehr G 3 und Maschinengewehr HK 21 ohne Rohre und Verschlüsse, 6. Mai 1970.

[186] Vgl.: Tavares, Anhang 16, S. 210.

[187] Vgl. PA AA, B 57, Bd. 918, BMWi an AA, Betr.: Ausfuhr nach Portugal, 8. Februar 1971 und PA AA, B 57, Bd. 918, Referat I A 4, Betr.: Erteilung der Ausfuhrgenehmigung, 4. März 1971.

[188] Vgl.: Tavares, Anhang 12, S. 206.

[189] Vgl.: Schroers, S. 42–43 und Tavares, S. 62. Der erste Vertrag wurde im Januar 1962 geschlossen. Im Oktober 1962, April 1965 und November 1969 folgten Zusatzverträge und Ausweitungen der Zusammenarbeit, vgl. ebd.

Arbeiten unter freiem Himmel erlaubte und so den Bau teurer Flugzeughallen ersparte. Da Portugal zudem strategisch günstig an der Route zwischen Amerika und Europa lag, nutzten die USA bereits seit Ende der 1950er-Jahre die portugiesische Luftfahrtindustrie für Wartungsarbeiten.[190] Im Gegenzug für die Nutzung der portugiesischen Flugzeugwerften verpflichtete sich Westdeutschland, Werkzeuge und Geräte zu liefern, den Ausbau der Anlagen zu finanzieren und vor Ort Flugzeugtechniker auszubilden. Mit Ablauf der Verträge sollte das gelieferte Material in portugiesischen Besitz übergehen. Durch diese Zusammenarbeit ergab sich für die portugiesische Luftwaffe die Möglichkeit, günstig eine neue Infrastruktur aufzubauen und über ausgebildete Techniker zu verfügen, die dann ebenfalls für die eigenen Flugzeuge eingesetzt werden konnten.[191]

Bis Mitte der 1960er-Jahre wurde ein großer Teil der deutschen Aufträge über die Produktion von Artillerie- und Infanteriemunition, Handgranaten und die Schnellfeuergewehre G3 abgewickelt.[192] Um die Qualität der für die Bundeswehr hergestellten Rüstungsgüter zu überprüfen, wurde 1962 sogar eine *Güteprüfstelle* eingerichtet. Diese hatte ihren Sitz in der FMBP und bestand aus deutschen Inspekteuren und portugiesischen Schreibkräften. Ob sie auch für die portugiesische Armee produzierte Munition und Waffen prüften, ist unklar.[193]

Ende 1971 meldete die Güteprüfstelle einen mutmaßlichen Lizenzvertragsbruch durch ein portugiesisches Unternehmen. Die deutsche Firma *Junghans* hatte 1963 die Lizenz zur Produktion von Mörsergranatzündern an das portugiesische Unternehmen *Fundição de Oeiras* erteilt und Baupläne geliefert. Diese Lizenz erlaubte den Portugiesen die Herstellung von Zündern für eine deutsche Bestellung von Mörsermunition Mitte der 1960er-Jahre. Im November 1971 berichtete die Güteprüfstelle nach Bonn, dass das Unternehmen entgegen den Lizenzbestimmungen in leicht abgewandelter Form weiterhin Zünder produziere.[194] Über Maßnahmen der deutschen Ministerien ist nichts bekannt. Das Verhältnis zwischen deutschen und portugiesischen Regierungen und Unternehmen scheint zumindest nicht erheblich gestört

[190] Vgl.: Tavares, S. 44–45.
[191] Vgl.: Ebd., S. 62–63.
[192] Vgl.: Ebd., S. 64, Anm. 115.
[193] Vgl.: Hallbauer, S. 113–114.
[194] Vgl.: PA AA, B 57, Bd. 918, BMVg an BMWi und AA, Betr.: Verdacht auf unerlaubten Nachbau eines Zünders der Firma Junghans in Portugal, 10. November 1971.

worden zu sein, denn die Firma Junghans versuchte im folgenden Jahr vergeblich, eine Genehmigung für die Lizenzproduktion der Zünder bei Oeiras zu erwirken. Das AA lehnte jedoch ab, da der Einsatz der Zünder in Übersee als wahrscheinlich betrachtet wurde.[195]

Ab Ende des Jahres 1966 kam es zu einer Abkühlung der militärischen Zusammenarbeit zwischen der Bundesrepublik und Portugal. Wie im folgenden Kapitel gezeigt wird, wurden die deutschen Pläne für militärische Stützpunkte in Portugal reformiert und aufgrund der anhaltenden internationalen Kritik versuchte Bonn in der zweiten Hälfte der 1960er-Jahre, die militärischen Beziehungen zu Portugal diskreter zu gestalten.[196]

In der 21. Sitzung der gemischten deutsch-portugiesischen Kommission im März 1968 erklärte die bundesdeutsche Delegation, dass man den Vertrag über die ausstehende Lieferung einer Charge 10,5 cm Artilleriegeschosse kündigen würde. Weiter machten die deutschen Vertreter klar, dass die geplante Produktion von Panzerfaust-Granaten in Portugal nur zum Teil realisiert werden sollte, und dass neue deutsche Aufträge an die portugiesischen Rüstungsbetriebe unwahrscheinlich seien. Auch die Verträge über die Flugzeugwartung wurden angepasst. Wie der Historiker João Moreira Tavares feststellt, bedeutete dies für die portugiesische Rüstungsindustrie nicht nur den Verlust eines wichtigen Absatzmarktes, sondern auch, dass sie nun nicht mehr mit Sicherheit auf die »unentbehrliche technische Unterstützung aus Deutschland« bei der Modernisierung der Betriebe zählen konnte.[197]

Das Ausbleiben weiterer westdeutscher Bestellungen für Rüstungslieferungen aus Portugal sorgte in Lissabon für großen Unmut. Wie der Staatssekretär des BMVg von Hase bei seinem Besuch in Portugal im September 1969 erfuhr, fürchteten die Portugiesen, dass aufgrund der ausbleibenden Aufträge bald Entlassungen in den Rüstungsbetrieben anstünden. Diese könnten zu sozialen Problemen führen. Da die Werke ihre Kapazitäten auf Anraten der ZDVP und für die Erfüllung deutscher Bestellungen erweitert hatten, forderten die Portugiesen neue Aufträge aus Westdeutschland. Von Hase antwortete darauf, dass keine neuen Aufträge zu erwarten seien. Der deutsche Bedarf an Muni-

195 Vgl.: PA AA, B 26, Bd. 447, BAGW an AA Referat III A 4, Betr.: Lizenzfertigung von Rüstungsmaterial in Portugal, 10. Juli 1972 und PA AA, B 26, Bd. 447, Referat I A 4 an Referat III A 4, Betr.: Erteilung der Ausfuhrgenehmigung, 21. Juli 1972.

196 Vgl.: Tavares, S. 64.

197 Ebd. S. 66, »o indispensável apoio técnico alemão«, eigene Übersetzung.

tion habe sich verändert und sei nahezu befriedigt. Des Weiteren habe die Bundesrepublik Verpflichtungen und Rüstungskooperationen mit anderen Staaten und die Situation der heimischen Rüstungsindustrie spiele auch eine Rolle.[198]

1968 schätzte der Verteidigungsausschuss des Bundestages das Gesamtvolumen deutscher Bestellungen in Portugal auf 350 Mio. DM. Davon stünden noch Aufträge im Wert von 62 Mio. DM aus, die bis Ende 1972 erfüllt werden würden. Der Bericht des Verteidigungsausschusses kam bei der Frage zu neuen Aufträgen an Portugal zu einem ähnlichen Schluss wie von Hase: der deutsche Bedarf sei nahezu gedeckt und die Auslastung der deutschen Rüstungsbetriebe stehe an erster Stelle.[199]

Die deutsch-portugiesische Zusammenarbeit in der Rüstungsindustrie verlagerte sich daher ab Ende der 1960er-Jahre auf die deutschen Zulieferungen für die portugiesischen Fabriken. Diese waren auf Rohstoff- und Materiallieferungen aus dem Ausland angewiesen. In den Jahren 1968 bis 1970 stammten 67 % der Rohstoffeinkäufe der FMBP und FNMAL aus dem Ausland und nur 33 % vom portugiesischen Binnenmarkt.[200]

Aus der Bundesrepublik kamen weiterhin unverzichtbare Teile für die Produktion des Gewehrs G3. So zum Beispiel Überdruckpatronen, die für das Einschießen der neu produzierten Waffen benötigt wurden und die die portugiesischen Betriebe nicht herstellen konnten.[201]

Auch bei der Produktion von Munition waren die Portugiesen von Materiallieferungen aus dem Ausland abhängig. So wurden beispielsweise Hülsen und Treibladungspulver aus den USA, Belgien, Frankreich und Westdeutschland importiert.[202] Das AA hatte keine Bedenken, wenn diese, für die Munitionsherstellung grundlegenden Komponenten nach Portugal exportiert wurden. Liefermengen von 4 t Kugelpulver oder 25 bis 30 t Treibladungspulver scheinen keine Seltenheit gewesen zu sein und waren wichtige Geschäfte für die deutschen Hersteller und Rüstungsbetriebe.[203]

198 Vgl.: PA AA, B 26, Bd. 400, Militärattaché Radicke Botschaft Lissabon, Notiz, Betr.: Besuch des Staatssekretärs des Bundesministeriums der Verteidigung in Portugal, 19. September 1969, S. 4–5.

199 Vgl.: PA AA, B 26, Bd. 400, Wehrdienst (Beilage zur Ausgabe 193/68 – 9.12.1968), Zu den Rüstungsbeziehungen mit Portugal, o. Dat.

200 Vgl.: Tavares, S. 110.

201 Vgl.: PA AA, B 57, Bd. 918, BMWi an AA, Betr.: Gesetz über die Kontrolle von Kriegswaffen, 1. Februar 1971.

202 Vgl.: Tavares, Anhang 16, S. 210.

203 Vgl.: PA AA, B 26, Bd. 447, BMWi an AA, Betr.: Ausfuhr nach Portugal, 27. Au-

Neben Rohstoffen und Materialien, die in Portugal weiterverarbeitet wurden, lieferten deutsche Unternehmen Anfang der 1970er-Jahre auch Ersatzteile für die Flugzeuge der portugiesischen Luftwaffe, die in Afrika im Einsatz waren,[204] und sogar ganze Industrieanlagen für die Munitionsfabriken. Der Kölner Firma Meissner wurde beispielsweise im Dezember 1971 der Export einer Geschossfüllanlage im Wert von 1,42 Mio. DM nach Portugal gewährt. Die Beamten im AA hofften, dass dadurch weitere deutsche Lieferungen, die international kritisiert wurden, in Zukunft überflüssig seien.[205] Eine ähnliche Lieferung erfolgte fast zeitgleich. Im September 1971 wurde die Ausfuhr einer Anlage zur Produktion von Zündhütchen nebst entsprechender Technologie genehmigt. Sie diente ebenfalls der Produktion von Kleinteilen, die für die Munitionsherstellung unverzichtbar waren.[206] Diese Deals blieben nicht unentdeckt und sorgten in der deutschen Öffentlichkeit für Empörung. Zeitgenössische Kritiker griffen die Lieferungen als weiteren Beweis für Bonns Unterstützung der portugiesischen Kolonialpolitik auf.[207]

Die höchsten Produktionszahlen erreichten die Rüstungsbetriebe in Portugal in den Jahren 1968 bis 1970. Da Anfang der 1970er-Jahre die letzten Munitionslieferungen an die deutsche Bundeswehr abgewickelt worden waren und auch der Bedarf der portugiesischen Streitkräfte bald gedeckt war, blieb eine volle Auslastung der Produktionskapazität aus und in den Fabriken musste Personal abgebaut werden.[208]

Die Bundesrepublik erwies sich durch die Lieferung von Maschinen und technischer Ausrüstung, den Technologietransfer und die Aufträge an die portugiesischen Waffenfabriken als Lissabons wichtigster Partner beim Aufbau und der Modernisierung der portugiesischen Rüstungsindustrie. Für die Bundesregierung ergab die Kooperation

gust 1971 und PA AA, B 26, Bd. 447, Referat I A 4 an Referat III A 4, Betr.: Erteilung der Ausfuhrgenehmigung, 9. September 1971 und PA AA, B 26, Bd. 447, Referat I A 4 an Referat III A 4, Betr.: Erteilung der Ausfuhrgenehmigung, 3. März 1972.

204 Vgl.: PA AA, B 57, Bd. 918, BMWi an AA, Betr.: Ausfuhr nach Portugal, 19. August 1970. Genehmigung erteilt am 1. September 1970, siehe Rückseite.

205 Vgl.: PA AA, B 57, Bd. 918, BMWi an AA, Betr.: Ausfuhr nach Portugal, 2. Dezember 1971. Genehmigung erteilt am 13. Dezember 1971, siehe Rückseite.

206 Vgl.: PA AA, B 26, Bd. 447, BMWi an AA, Betr.: Ausfuhr nach Portugal, 24. August 1971 und PA AA, B 26, Bd. 447, Referat I A 4 an Referat III A 4, Betr.: Erteilung der Ausfuhrgenehmigung, 3. September 1971.

207 Vgl.: Lopes S. 156 und Grohs, S. 78.

208 Vgl.: Tavares, S. 109–110.

neben dem politischen Ergebnis auch einen positiven Effekt für die Exportstatistiken deutscher Unternehmen.[209] Für Lissabon war das Rüstungsgeschäft ebenfalls sehr ertragreich. In den Jahren 1961 bis 1968 erwirtschafteten die portugiesischen Rüstungsbetriebe einen Gewinn von 875 Mio. Escudos. Allein OGMA erhielt 1961 bis 1967 unentgeltlich technische Ausrüstung im Wert von ungefähr 62 Mio. Escudos, wovon circa 10 Mio. Escudos aus der Bundesrepublik stammten.[210]

4.2 Der Luftwaffenstützpunkt Beja

Die Anfang der 1960er-Jahre geltende NATO-Strategie der »massive retaliation« (massive Vergeltung) sah vor, dass die bundesdeutsche Luftwaffe im Fall eines sowjetischen Angriffs auf Westeuropa zusammen mit US-amerikanischen, britischen und französischen Luftstreitkräften einen Gegenschlag in Richtung Osten ausführen sollte. Da Westdeutschland als »Frontstaat« in der Reichweite sowjetischer Mittelstreckenraketen lag, suchten die militärischen Planer in Bonn Ende der 1950er-Jahre nach geeigneten Standorten in Südwesteuropa, um einen deutschen Luftwaffenstützpunkt außerhalb der Reichweite des Warschauer Paktes zu errichten. Dieser sollte, mit weiterer militärischer Infrastruktur ausgestattet, als strategische Reserve und Rückfallbasis im Kriegsfall dienen. Dabei fiel das Augenmerk auf die iberische Halbinsel.[211] Das BMVg führte daraufhin Sondierungsgespräche mit Spanien. Die Pläne für eine Zusammenarbeit mit Madrid sorgten für Wirbel in der westdeutschen Presse und scheiterten schließlich am Einwand der westlichen Alliierten, denen die Vorstellung einer deutsch-spanischen Militärkooperation missfiel. Die bundesdeutschen Militärs wandten sich daher Portugal zu, das als NATO-Mitglied eine attraktive Alternative darstellte.[212]

Bereits im März 1960 informierten die deutschen Behörden eine Delegation der portugiesischen Regierung in Bonn über ihren Wunsch, militärische Infrastruktur in Portugal zu errichten. Lissabon nahm die deutschen Pläne positiv auf, da man sich wirtschaftliche Vorteile und eine Stärkung des NATO-Bündnisses versprach und schlug als Stand-

209 Vgl.: Lopes, S. 137 und Tavares, S. 66.
210 Vgl.: Ebd., S. 66–67.
211 Vgl.: Schroers, S. 38–39.
212 Vgl.: Fonseca, S. 55–58.

ort für eine deutsche Luftwaffenbasis die Base Aérea N° 11 im südportugiesischen Beja vor.[213]

Am 16. Dezember 1960 unterzeichneten Bonn und Lissabon einen Vertrag über die deutsche Nutzung des Fliegerhorstes in Beja. Dabei verpflichtete sich die Bundesrepublik, den Ausbau der Basis zu finanzieren und sich portugiesischem Hoheitsrecht zu unterwerfen. Im Gegenzug sollte der deutschen Luftwaffe in der dünnbesiedelten Region Baixo Alentejo militärisches Training mit scharfen Waffen und Überschallflügen gewährt werden. Die Portugiesen sahen in der Kooperation mit den westdeutschen Luftstreitkräften auch eine Chance für die Ausbildung ihrer Flugzeugtechniker.[214]

In Bonn plante man für das etwa 150 km südöstlich von Lissabon gelegene Beja den Bau des ersten Auslandsstützpunktes der Bundeswehr. Für den Kriegsfall sollte dieser ein Ersatzteillager für alle Flugzeugtypen der Luftwaffe vorweisen. Vor Ort sollte ein eigener Stadtteil entstehen, um die Stützpunktbesatzung und ihre Angehörigen unterzubringen. Neben den Kasernen plante die Bundeswehr den Bau von 1.500 Wohnungen, um genug Platz für die geplante Zahl von 2000 Soldaten, 800 zivilen Angestellten und 2.500 Familienangehörigen zu schaffen. Dazu sollten ein Lazarett, Sportplätze, eine Schule, Geschäfte und sogar jeweils eine evangelische und eine katholische Kirche errichtet werden.[215] Es war geplant, dass Beja mit seinen durchschnittlich 300 Sonnentagen im Jahr als zentraler Ausbildungsort für die Piloten der F-104 *Starfighter* dienen würde. Die Luftwaffe beabsichtigte, im dünn besiedelten Alentejo einen Schieß- und Abwurfübungsplatz für ihre Erdkampfflugzeuge Starfighter und Fiat G 91 einzurichten. Diese sollten dort auch Überschallflugübungen und Flugmanöver durchführen können, die in der dichtbesiedelten Bundesrepublik nicht möglich waren.[216]

Neben dem Ausbau des Flugplatzes in Beja plante das BMVg weitere Projekte: In Lissabon und Sines sollten Krankenhäuser entstehen, um im Kriegsfall deutsche Verwundete zu versorgen. In Friedenszeiten sollten sie der Ausbildung portugiesischen Personals und der Versorgung der Bevölkerung dienen. Für den Ort Castelões hatte die Bundes-

[213] Vgl.: PA AA, B 26, Bd. 114, BMVg an AA, Betr.: Deutsche logistische Planung für Portugal, vom 21. April 1960 und Fonseca, S. 48–49.

[214] Vgl.: Fonseca, S. 51–52.

[215] Vgl.: Schroers, S. 42–43 und PA AA, B 26, Bd. 192, Botschaft Lissabon an AA, Betr.: Kirchliche Betreuung, 3. Februar 1964.

[216] Vgl.: Schroers, S. 41–42 und Hallbauer, S. 128.

wehr den Bau eines Depots für strategische Güter vorgesehen und in der Nähe der Stadt Setúbal sollte unter dem Decknamen »Projekt Tourist« ein Nothafen gebaut werden, in dem im Kriegsfall der Umschlag von Nachschubgütern aus Nordamerika abgewickelt werden sollte.[217] In Kooperation mit der bereits erwähnten OGMA wurde darüber hinaus in Alverca, circa 20 km nördlich von Lissabon, die Einrichtung eines Betriebs für die Wartung und Instandsetzung von Triebwerken geplant (Projekt »Triton«). Aufgrund der günstigen Konditionen der portugiesischen Luftfahrtindustrie plante die Luftwaffe, dort ihre F-104-Starfighter und Noratlas-Transportflugzeuge von portugiesischen Technikern unter deutscher Anleitung warten zu lassen. Um die Kommunikation zwischen den Bundeswehreinrichtungen in Portugal und den Kommandostellen in Westdeutschland zu ermöglichen, sollte zudem im circa 140 km westlich von Lissabon gelegenen Évora ein Fernmeldezentrum entstehen. Die Bundesrepublik verpflichtete sich des Weiteren dazu, die Kommunikationsinfrastruktur der Region auszubauen.[218] Nach Abschluss der Planungsphase wurde 1963 in Beja mit dem Bau begonnen. Ab 1965 war der Stützpunkt effektiv im Gebrauch der Bundesluftwaffe.[219]

Während der Bauphase der Basis in Beja traten bereits erste Probleme auf, die den Sinn des Projektes infrage stellten. Um von der Bundesrepublik nach Portugal zu gelangen, mussten die deutschen Flugzeuge den spanischen und französischen Luftraum durchqueren. Die westdeutschen Streitkräfte aber hatten versäumt, sich ein generelles Überflugrecht von den Regierungen in Madrid und Paris einzuholen. Spanien war kein NATO-Mitglied und kündigte 1966 an, in Zukunft die Überflüge von NATO-Flugzeugen über spanischem Territorium nicht mehr ohne Weiteres zu erlauben. Ab sofort musste jeder Flug einer deutschen Maschine zwei Wochen vorher bei den spanischen Behörden angemeldet werden und für einen Kriegsfall behielt sich Madrid vor, den Überflug zu verweigern. Ähnlich verhielt es sich mit Frankreich, das sich 1966 aus der Kommandostruktur der NATO zurückzog.[220] Beim Besuch des deutschen Außenministers Schröder in Portugal im

[217] Vgl.: Schroers, S. 42–43.

[218] Vgl.: Ebd. und AAPD, 1967, Bd. II, Dok. 295, S. 1174–1178: 8. August 1967: Müller-Roschach an Brandt, S. 1175.

[219] Vgl.: »Germanische Größe« vom 19. August 1968, in: DER SPIEGEL 1968/34 und Fonseca S. 177.

[220] Vgl.: »Bedingt Einsatzfähig« vom 11. April 1966, in: DER SPIEGEL 1966/16.

Frühjahr 1966 wurde daher erstmals das Problem der Überflugrechte für Bundeswehrflieger auf dem Weg nach Beja erörtert.[221]

Hinzu kam, dass sich Mitte der 1960er-Jahre die NATO-Strategie grundlegend veränderte, was auch die Bedeutung des Standorts Beja betraf. Statt »massive retaliation« war nun »flexible response« (flexible Reaktion) die neue Doktrin. Diese Strategie setzte für den Fall eines Angriffs eine entsprechende, angemessene Reaktion der NATO-Streitkräfte voraus, wodurch die Tiefenrüstung im Hinterland der Front und damit der geostrategische Wert Portugals an Bedeutung verlor. Darüber hinaus verpflichtete sich die Bundeswehr, einen Teil der Pilotenausbildung in den USA auszuführen und der neue Verteidigungshaushalt 1966 fiel infolge der wirtschaftlichen Rezession deutlich geringer aus als erwartet.[222]

In Bonn beschloss man daher im Laufe des Jahres 1967, die Projekte in Portugal zu reduzieren und keine Rüstungslieferungen aus portugiesischen Munitionsfabriken mehr zu ordern. Die Pläne hatten jedoch teilweise eine Mindestlaufzeit bis 1972 und waren von Lissabon wirtschaftlich und finanziell fest eingeplant worden. Da ein kompletter Rückzug von den Projekten also eine schwere Belastung für das deutsch-portugiesische Verhältnis bedeutet hätte, sah die Bundesregierung von einer vollständigen Liquidierung der Pläne ab.[223]

Der interministerielle Bundesverteidigungsrat (ab 1969 Bundessicherheitsrat, BSR) beschloss am 3. November 1967, mit den Portugiesen eine Reduzierung der ursprünglichen Vorhaben zu verhandeln und als Kompensation für die ausfallenden deutschen Leistungen eine Lieferung von maximal 50 Flugzeugen des Typs Do 27 anzubieten.[224] Von den geplanten Projekten sollten keine neuen Bauvorhaben mehr begonnen werden. Da der Nothafen in Setúbal, die Flugzeugwerkstatt in Alverca, das Fernmeldezentrum Évora und der Luftwaffenstützpunkt Beja bereits im Bau waren, beschloss Bonn, diese (teils verkleinert) fertigzustellen. Eine volle Nutzung der Kapazitäten beabsichtigte man jedoch nicht.[225] Nach einer Einigung mit Lissabon lieferte die Bundes-

221 Vgl.: Fonseca, S. 203.

222 Vgl.: Ebd., S. 214–215 und Lopes, S. 138.

223 Vgl.: AAPD, 1967, Bd. II, Dok. 295, S. 1174–1178: 8. August 1967: Müller-Roschach an Brandt, S. 1176–1177.

224 Vgl.: PA AA, B 26, Bd. 400, Referat III A 4, Aufzeichnung, Betr.: BVR-Sitzung am 3.11.1967 über Beja-Problem, 26. Oktober 1967.

225 Vgl.: AAPD, 1967, Bd. III, Dok. 369, S. 1455–1457: 26. Oktober 1967, Aufzeichnungen von Harkot, S. 1457, Anm. 8.

regierung 1968 30 Do 27 als Kompensation für die Verkleinerung ihrer Projekte in Portugal.[226]

Nach einem Bericht des Verteidigungsausschusses waren bis zur Jahreswende 1968/1969 für das Beja-Projekt von portugiesischer Seite 11 Mio. DM für Planung, Bauaufsicht und den Kauf von circa 800 Hektar zusätzlichem Gelände ausgegeben worden. Die Bundesrepublik hingegen hatte ungefähr 150 Mio. DM in den Ausbau des Stützpunktes und die Errichtung von Wohnquartieren investiert.[227]

Lissabon bemängelte den Leerstand der Anlagen im Alentejo und auch in Bonn war man damit nicht zufrieden. Daher wurden Alternativen für die Nutzung des Stützpunktes gesucht. Aufgrund der Eignung als Ausbildungsstandort begannen die deutsche *Lufthansa* und die staatliche portugiesische Fluglinie *Transportes Aéreos Portugueses* (TAP) ihre Piloten in Beja zu schulen. Eine Nutzung durch die zivile niederländische Airline KLM war ebenfalls im Gespräch und auch skandinavische Fluglinien hatten Interesse bekundet.[228]

Anfang 1969 waren 43 militärische und 26 zivile Mitarbeiter der Bundeswehr sowie 131 Familienangehörige in Beja stationiert. Alle Standorte der Bundeswehr in Portugal zusammen umfassten 1969 ein deutsches Personal von 76 Militärs und 60 Zivilisten sowie 235 Familienangehörigen. Geplant war, dass bei Fertigstellung aller Projekte insgesamt 136 deutsche Soldaten, 66 zivile Mitarbeiter und 354 Familienangehörige dauerhaft in Portugal leben und arbeiten sollten.[229]

Für die Bundeswehrangehörigen in Portugal gab die ZDVP sogar eine Broschüre heraus, um die Deutschen mit den »lokalen Bräuchen« vertraut zu machen. Unter anderem hieß es dort, dass es von Portugiesen mitunter als Beleidigung aufgefasst werden könne, wenn man die »Überseeprovinzen« als Kolonien bezeichne. Zur portugiesischen Diktatur und dem Regime in Lissabon konnte man dem Faltblatt Folgendes entnehmen: »Die portugiesische Staatsform ist den Bedürfnis-

226 Vgl.: PA AA, B 26, Bd. 400, Referat III A 4, Vermerk, Betr.: Exporte von Waffen und Kriegsmaterial nach Portugal, vom 26. Februar 1969.

227 Vgl.: PA AA, B 26, Bd. 400, Wehrdienst (Beilage zur Ausgabe 193/68 – 9. 12. 1968), Zu den Rüstungsbeziehungen mit Portugal, o. Dat. und PA AA, B 57, Bd. 757, Referat I A 4, Aufzeichnung, Betr.: Flugplatz Beja (Portugal), 17. April 1969.

228 Vgl.: PA AA, B 26, Bd. 400, Militärattaché Radicke Botschaft Lissabon, Notiz, Betr.: Besuch des Staatssekretärs des Bundesministeriums der Verteidigung in Portugal, 19. September 1969.

229 Vgl.: PA AA, B 26, Bd. 400, Referat II A 7, Vermerk, Betr.: Aufzeichnung des Referats I A 4 über Flugplatz Beja (Portugal), 12. Februar 1969.

sen des Landes angepaßt und gibt dem einzelnen Staatsbürger persönliche Freiheit und Rechtssicherheit.«[230]

Anfang der 1970er-Jahre konnte der Luftwaffenstützpunkt Beja zumindest einen Teil seiner ursprünglich geplanten Funktion erfüllen. Die deutsche Luftwaffe begann, vor Ort ihre Piloten von den alten Noratlas-Transportern auf das neue Transportflugzeug *Transall* C-160 umzuschulen.[231] Des Weiteren erlaubten die portugiesischen Streitkräfte der Bundeswehr, ihren Luftwaffenschießplatz in Alcochete nahe Lissabon mitzubenutzen. Da dieser in absehbarer Zeit geschlossen werden sollte, hoffte man in Bonn, zusammen mit den Portugiesen einen größeren, taktischen Schießplatz in Portugal einrichten zu können, damit sich die Investitionen in das Beja-Projekt weiter auszahlen würden.[232]

Da die Bundesregierung erwartete, Anfang 1973 Klärung über den Bau des neuen Schießplatzes zu erhalten, wollte man das Verhältnis zu Lissabon unter keinen Umständen trüben. Die Verhandlung über eine neue Endverbleibsklausel sollte nicht weitergeführt werden, bis die Schießplatzfrage geklärt sei (siehe auch Abschnitt 4.4). Um die Verhandlungen zu erleichtern und als Zeichen des guten Willens der Bundesregierung wurden auch bisher zurückgehaltene Rüstungslieferungen an Portugal genehmigt (siehe auch Abschnitt 4.3).[233]

Da der Stützpunkt Beja mit dem Beginn des Schießtrainings der F-104 ab 1971 intensiver genutzt wurde, erhöhte sich auch die Anzahl der dort stationierten Bundeswehrangehörigen auf 721 Soldaten und 81 Zivilisten. Im August 1973 verzeichnete Beja hingegen eine deutsche Besatzung von 97 Militärs und 86 Zivilisten, wovon 62 lokale Arbeiter waren.[234] Auch nach der Nelkenrevolution und dem Ende des Salazar-Caetano-Regimes wurde der Stützpunkt weiter von der Bundeswehr und der portugiesischen Luftwaffe genutzt. Im April 1975 waren beispielsweise 500 deutsche Soldaten in Portugal stationiert,

[230] Zitiert nach »Gewisse traditionelle Eigentümlichkeiten« vom 05. Oktober 1970 in Der SPIEGEL 1968/41.

[231] Vgl.: »Bei uns unüblich« vom 14. Juni 1971 in Der SPIEGEL 1971/25.

[232] Vgl.: PA AA, B 26, Bd. 445, Referat I A 7, Betr.: Bilaterales Gespräch des Ministers mit dem portugiesischen Außenminister am Rande der Ministerratssitzung der NATO, 17 Mai 1972.

[233] Vgl.: PA AA, B 26, Bd. 445, Referat 203 (I A 4), Betr.: Besuch des portugiesischen Botschafters, 1. Dezember 1972.

[234] Vgl.: Lopes, S. 142–144.

400 waren für das Schießtraining vor Ort und 100 stellten die Standortbesatzung.[235]

Nach der Luftwaffenbasis Beja war das Projekt »Triton« – die Wartung deutscher Flugzeuge durch portugiesische Mechaniker der OGMA – das bedeutendste und kostenintensivste bundesdeutsche Projekt in Portugal. Ursprünglich war geplant, die Wartungsarbeiten der in Beja stationierten Flugzeugtypen F-104 und G 91 bei OGMA ausführen zu lassen. Für die Bundesregierung waren die geringen Kosten pro Arbeitsstunde ausschlaggebend, während sich die portugiesische Regierung einen Technologiegewinn versprach. Im Zuge der Kürzungen 1966 wurde auch das Budget für das Projekt »Triton« gestrichen. 1967 wurde es verkleinert wieder aufgenommen.[236]

Die F-104 wurden jedoch erst Anfang der 1970er-Jahre in Beja stationiert. Die für ungefähr 24 Mio. DM errichteten Instandsetzungshallen standen daher leer und die Werkstätten zur Wartung der Triebwerke blieben ungenutzt. Hinzu kam, dass die portugiesischen Mechaniker, die zuvor wenig Erfahrung mit modernen Jet-Triebwerken gemacht hatten, technisch vollkommen überfordert waren. Da die Bundeswehr selbst unter einem Mangel an Spezialisten litt, versuchte man das private Unternehmen *Motoren- und Turbinen-Union* (MTU) mit der Leitung und Ausbildung der portugiesischen Belegschaft zu beauftragen.[237] Das Geschäft kam jedoch nicht zustande. Um die Kapazitäten der deutschen Luftfahrtindustrie auszulasten und Arbeitsplätze zu sichern, wurden Aufträge der Bundeswehr zunehmend in Westdeutschland vergeben, sodass die Portugiesen in Alverca hauptsächlich ihre eigenen Flugzeuge warteten. 1973 wurde das Projekt von Bonn offiziell abgebrochen.[238]

Von den deutschen Projekten in Portugal, die nach 1968 weitergeführt wurden, war die Flugzeugwerft in Alverca das teuerste. Da die Instandsetzungsanlagen hauptsächlich für die in Afrika eingesetzten Do 27 und G 91 der portugiesischen Luftwaffe genutzt wurden, leistete die Bundesrepublik auch hier durch die Bereitstellung von Werkzeug

[235] Vgl.: Hallbauer, S. 138 und Lopes, S. 144.

[236] Vgl.: PA AA, B 26, Bd. 400, Militärattaché Radicke Botschaft Lissabon, Notiz, Betr.: Besuch des Staatssekretärs des Bundesministeriums der Verteidigung in Portugal, 19. September 1969 und Lopes, S. 153.

[237] Vgl.: »Bei uns unüblich« vom 14. Juni 1971, in: DER SPIEGEL 1971/25, Hallbauer, S. 146 und Lopes, S. 154.

[238] Vgl.: Lopes, S. 154.

und Material sowie Aufbau- und Ausbildungshilfe einen direkten Beitrag für die portugiesischen Kriegsanstrengungen.[239]

Als Ausgleich für die deutschen Stützpunkte in Portugal lieferte Westdeutschland nicht nur Rüstungsmaterial (siehe den folgenden Abschnitt 4.3), sondern stellte den portugiesischen Streitkräften seit Mitte der 1960er-Jahre auch zehn Betten im Bundeswehrkrankenhaus in Hamburg-Wandsbek zur Verfügung. Die Kosten für die Behandlung trug die portugiesische Armee.[240] Die Versorgung portugiesischer Verwundeter war im Rahmen eines Abkommens über die Luftwaffenbasis in Beja 1964 vereinbart worden. Nach deutschen Presseberichten waren bis Mitte 1973 430 portugiesische Soldaten in diesem Krankenhaus behandelt worden.[241] DER SPIEGEL ließ sogar verlauten, dass drei der deutschen Ärzte für ihre Verdienste um die portugiesische Armee schon Orden aus Lissabon erhalten hätten.[242]

Innenpolitisch wurde die Behandlung der portugiesischen Soldaten kritisiert. Die Bundesregierung legitimierte die medizinische Hilfe als humanitäre Maßnahme. Diese sei im Fall Portugal gerechtfertigt, da es sich um einen NATO-Verbündeten handle. Die Forderung einiger Bundestagsabgeordneter, dann auch den afrikanischen Befreiungsbewegungen medizinische Hilfe aus humanitären Gründen zukommen zu lassen, wurde von AA und BMVg mit Verweis auf die deutsch-portugiesischen Beziehungen abgelehnt. Darüber hinaus sei die Anzahl der zur Verfügung stehenden Betten sehr gering. Das Bundeswehrkrankenhaus Hamburg-Wandsbek stehe zwar Angehörigen anderer Streitkräfte zur Verfügung; da die afrikanischen Befreiungsbewegungen keine staatliche Funktion besäßen, könnten sie aber folglich auch keine Streitkräfte besitzen.[243]

239 Vgl.: Hallbauer, S. 147–148.

240 Vgl.: PA AA, B 26, Bd. 447, Politische Abteilung, Betr.: Behandlung verwundeter portugiesischer Soldaten in dem Bundeswehr-Lazarett Hamburg-Wandsbek vom 21. Januar 1972.

241 Vgl.: Fonseca, S. 181 und Lopes, S. 157. Die Hilfe wurde teilweise mit der NATO-Partnerschaft legitimiert. Neben den 430 Portugiesen wurden im gleichen Zeitraum nur 11 andere Patienten aus NATO-Ländern in Hamburg-Wandsbek behandelt.

242 Vgl.: »Vietnam in Afrika« vom 06. Mai 1968, S. 146, in: DER SPIEGEL 1968/19.

243 Vgl.: PA AA, B 26, Bd. 447, Politische Abteilung, Betr.: Behandlung verwundeter portugiesischer Soldaten in dem Bundeswehr-Lazarett Hamburg-Wandsbek vom 21. Januar 1972 und PA AA, B 26, Bd. 446, Referat I A 4 an Referat I B 3, 13. April 1971 und Lopes, S. 157.

4.3 Rüstungslieferungen

In den Zeiten des Kolonialkrieges war die Bundesrepublik Deutschland Portugals wichtigster Lieferant von militärischer Hardware. Die Bundeswehr und deutsche Rüstungsbetriebe lieferten die gesamte Bandbreite militärischer Ausstattung an die portugiesischen Streitkräfte. Die aus Westdeutschland stammenden Infanteriewaffen, Fahrzeuge, Flugzeuge, Schiffe und Ausrüstungsgegenstände wurden von Lissabons Soldaten in ihrem Kampf gegen die afrikanischen Befreiungsbewegungen eingesetzt.

Der Beginn des Krieges in Angola 1961 überraschte die portugiesische Armee, die sich gerade in einer Umstrukturierungs- und Modernisierungsphase befand. Da die Lizenzproduktion des Schnellfeuergewehres G3 noch nicht angelaufen war, mangelte es den portugiesischen Soldaten an modernen automatischen Waffen. Die Bundesrepublik lieferte daher in den Jahren 1962 bis 1963 aus eigenen Überschussbeständen 15.000 FAL Schnellfeuergewehre des belgischen Herstellers *Fabrique Nationale* (FN).[244] Waffen gleichen Typs erhielt Portugal auch aus Belgien und Südafrika. Von den »deutschen« FN-Gewehren waren im Dezember 1962 nachweislich 9449 Gewehre in Angola im Einsatz.[245]

Die Bundeswehr lieferte zu Beginn der 1960er-Jahre noch weitere ausrangierte Waffen. Bis 1965 gelangten 1953 Maschinengewehre vom Typ MG42 nebst Ersatzteilen nach Portugal. Diese Waffen stammten teilweise aus alten Wehrmachtbeständen und wurden ebenfalls in Afrika eingesetzt.[246]

Anfang 1962 berichteten zwei israelische Journalisten, dass portugiesische Soldaten in Angola mit den in Israel konstruierten »Uzi«-Maschinenpistolen ausgerüstet seien. Die israelische Regierung hatte eine Kaufanfrage Lissabons im Jahr zuvor aufgrund der Situation in Angola jedoch abgelehnt. Die beiden israelischen Reporter meldeten weiter, dass sie die Waffen anhand von bundesdeutschen Prägestempeln identifizieren konnten und dass auch die portugiesischen Soldaten die Herkunft der Waffen aus der Bundesrepublik bestätigten.[247] Bereits im Sommer 1961 war ein Aufschrei durch die internationale Presse ge-

244 Vgl.: PA AA, B 57, Bd. 918, BMVg, Betr.: Lieferung von Rüstungsmaterial an Portugal, 22. September 1970.

245 Vgl.: Tavares, S. 56 und Afonso; Gomes, S. 359.

246 Vgl.: PA AA, B 57, Bd. 918, BMVg, Betr.: Lieferung von Rüstungsmaterial an Portugal, 22. September 1970 und Afonso; Gomes, S. 360.

247 Vgl.: »Adler in Angola« vom 07. Februar 1962, in: DER SPIEGEL, 1962/6.

gangen, als eine britische Zeitung berichtete, Westdeutschland habe nicht weniger als 10.000 Uzis an Portugal geliefert.[248] Der Export von in der Bundesrepublik in Lizenz gefertigten Uzi-MPs nach Portugal wurde von den deutschen Behörden jedes Mal dementiert. Einer Liste des BMVg über gelieferte Überschussmaterialien belegt jedoch, dass im Zeitraum 1962/1963 zumindest 2700 Uzi-Maschinenpistolen mit Ersatzteilen für gut 500.000 DM nach Portugal gingen.[249]

Insgesamt lieferte die Bundeswehr der Abgabeliste des BMVg zufolge zwischen 1962 und 1969 Munition, Waffen, Ersatzteile und Funkgeräte aus Überschussbeständen für 5,2 Mio. DM an die portugiesische Armee. Darunter auch 150 Mörser (Kaliber 81 mm), 1.500 Bazookas (Kaliber 89 mm) und 3,5 Mio. Schuss Munition im Kaliber 12,7 mm.[250] Angesichts des Umfangs dieser Lieferungen war die »Werterstattung« von 5,2 Mio. DM sicherlich ein gutes Geschäft für die Portugiesen.

Portugal war nicht nur ein Abnehmer von Überschussbeständen der Bundeswehr, sondern auch ein treuer Kunde privater westdeutscher Firmen, die in der Rüstungsbranche tätig waren. 1960 hatte die portugiesische Armee den Bau von sechs Patrouillenbooten bei der *Bayerischen Schiffbaugesellschaft mbH* in Auftrag gegeben. Da der Einsatz der Boote in den afrikanischen Territorien Angola und Guinea-Bissau von Anfang an sogar explizit im Kaufvertrag vermerkt wurde, gab es im AA Bedenken gegen die Lieferung der Wasserfahrzeuge.[251] Die Boote wurden daher im Laufe des Jahres 1961 ohne Bewaffnung ausgeliefert, was vom AA anscheinend als ausreichend empfunden wurde, um die Bedenken zu zerstreuen.[252] Die genaue Herkunft von zwei weiteren in Deutschland gebauten Patrouillenbooten in portugiesischen Diensten

[248] Vgl.: Ebd. und PA AA, B 34, Bd. 274, FS aus Botschaft Lissabon, 31. Mai 1961. Zu internationalen Pressereaktionen auf die Meldung 1961 vgl. z.B.: PA AA, B 34, Bd. 274, FS aus Botschaft Conakry, 7. Juni 1961; PA AA, B 34, Bd. 274, Botschaft Bamako an AA, Betr.: Waffenlieferung der Bundesrepublik an Portugal, 29. Juni 1961 und weitere Unterlagen in PA AA, B 34, Bd. 274.

[249] Vgl.: »Adler in Angola« vom 07. Februar 1962, in: DER SPIEGEL, 1962/6 und PA AA, B 57, Bd. 918, BMVg, Betr.: Lieferung von Rüstungsmaterial an Portugal, 22. September 1970.

[250] Vgl.: PA AA, B 57, Bd. 918, BMVg, Betr.: Lieferung von Rüstungsmaterial an Portugal, 22. September 1970.

[251] Vgl.: Hallbauer, S. 167. Siehe auch eine Transkription des Kaufvertrages über sechs Boote bei Hallbauer, Anhang, Abbildung 4, S. 369. Für die Bedenken des AA vgl.: PA AA, B 34, Bd. 274, Referat 307, Aktennotiz, 3. Juni 1961.

[252] Vgl.: PA AA, B 34, Bd. 274, AA an BMWi, Betr.: Lieferung von 2 Patrouillenbooten nach Portugal, 15. Juni 1961 und Hallbauer, S. 171.

bleibt unklar. Es liegt jedoch nahe, dass sie vom selben Hersteller geliefert wurden.[253]

Die deutsche Industrie stellte viele Ausrüstungsgegenstände zur Verfügung, die die Portugiesen für ihre Kriegsanstrengungen benötigten. Von Maschinenpistolen und Blendhandgranaten über Fallschirme bis zu Funkgeräten lieferten deutsche Unternehmen fast alles, was eine moderne europäische Armee für den Guerillakrieg brauchte.[254]

Eines der meistgenutzten Fahrzeuge der portugiesischen Truppen in Angola und den anderen afrikanischen Kolonien waren die Unimog-Geländefahrzeuge von Mercedes-Benz. Zusammen mit Lkw des französischen Herstellers *Berliet* bildeten sie das Rückgrat der portugiesischen Lkw-Flotte in Afrika.[255] Von den portugiesischen Soldaten liebevoll »burro do mato« (»Busch-Esel«) genannt, erwiesen sich die geländegängigen Lastwagen als eines der zuverlässigsten Transportmittel des afrikanischen Kriegsschauplatzes, das sogar die zur Regenzeit nahezu unpassierbaren Strecken bewältigte.[256] Im August 1973 waren nach Angaben des portugiesischen Militärs 3.232 Unimogs des Typs 404 mit Dieselmotor in Angola im Einsatz. Sie stellten damit den größten Anteil des Fuhrparks. Einem Forderungskatalog von 1973 zufolge benötigten die Streitkräfte in Angola weitere 1.353 Unimogs.[257] Neben dem Modell 404 nutzten die Portugiesen auch den Unimog 411 mit Benzinmotor. Im Patrouillen- oder Konvoi-Dienst fanden bis zu zehn Soldaten auf den Ladeflächen der Unimogs Platz. Sie saßen Rücken an Rücken auf festmontierten Bänken und konnten so im Fall eines Hinterhaltes schnell absitzen. Einige wenige Fahrzeuge wurden vor Ort sogar mit Panzerplatten ausgestattet.[258] Der Antrag des Herstellers, 50 gepanzerte Exemplare an die portugiesische Armee zu lie-

[253] Vgl.: Hallbauer, S. 167.

[254] Vgl.: MPs der Firma Walther: PA AA, B 57, Bd. 918, BMWi an AA Referat III A 4, 21. Mai 1970; Blendhandgranaten: PA AA, B 26, Bd. 400, Referat I A 4 an Referat III A 4, Betr.: Gesetz über Kontrolle von Kriegswaffen vom 20.04.1961, vom 13. Februar 1967; Fallschirme: PA AA, B 57, Bd. 757, BAGW an AA Referat III A 4, Betr.: Ausfuhr nach Portugal, 16. Oktober 1967; Funkgeräte: PA AA, B 57, Bd. 918, BAGW an AA, Betr.: Ausfuhr nach Portugal, 28. Juli 1970 und PA AA, B 57, Bd. 918, BAGW an AA, Betr.: Ausfuhr nach Portugal, 29. September 1970.

[255] Vgl.: Estado-Maior do Exército, Angola, Bd. 2, S. 528. Die Abkürzung Unimog steht für »Universal-Motor-Gerät«.

[256] Vgl.: https://cc3413.wordpress.com/2009/07/05/os-burros-do-mato/, überprüft am 26. Januar 2016.

[257] Vgl.: Estado-Maior do Exército, Angola, Bd. 2, S. 492.

[258] Vgl.: Estado-Maior do Exército: Resenha Histórico-Militar das Campanhas de

fern, wurde 1970 vom AA mit dem Verweis auf den wahrscheinlichen Einsatz in Afrika abgelehnt.[259] Ausschlaggebend war hier sicherlich, dass die Unimogs durch die Panzerung eindeutig als militärisches Material zu klassifizieren waren. Lkw ohne Panzerung hingegen stellen ein klassisches »Dual-Use«-Gut dar, da sie sowohl für den zivilen Gebrauch als auch den militärischen Einsatz geeignet sind.

Anfang des Jahres 1961 befand sich auch der westdeutsche Automobilhersteller *Borgward* in Verhandlungen mit portugiesischen Stellen über die Lieferung von 1600 Lkw für Lissabons Armee. Das BMVg und das BMWi befürworteten das Geschäft, um das Vertrauen Lissabons in die Kooperation mit Bonn zu stärken und den angeschlagenen Autobauer Borgward vor dem Ruin zu bewahren. Das AA sprach sich jedoch dagegen aus. Der Einsatz der Lkw in Angola sei mehr als wahrscheinlich und würde die internationale Kritik an den engen Beziehungen zwischen der Bundesrepublik und Portugal nur verschärfen. Auch hier kommt der Aspekt des »Dual-Use«-Materials zum Tragen. Da die Lkw keine spezifischen militärischen Fahrzeuge waren, konnte die Ausfuhr nicht mithilfe des Exportverbotes von Rüstungsmaterial in Krisenregionen verhindert werden. Im AA schlug man daher vor, die Lieferung durch die Verweigerung einer Exportgarantie zu verhindern.[260] Letztendlich scheiterte das Zustandekommen des Geschäftes aber am Konkurs der Firma Borgward.[261]

Hallbauer bemerkt in seiner Dissertation, dass es im Quellenmaterial des BMVg und des AA insgesamt wenig Hinweise auf den Verkauf von Lkw und Kraftfahrzeugen an die portugiesische Armee gebe, obwohl, wie bereits gezeigt wurde, beispielsweise Unimog-Fahrzeuge einen Großteil der portugiesischen Lkw-Flotte in Angola ausmachten.[262] Dieser Umstand ist auf die Unterscheidung zwischen explizit militärischen Lieferungen und sowohl militärisch als auch zivil nutzbarem Material (»Dual-Use«) zurückzuführen. Wie die Beamten des AA beim Fall der Firma Borgward bemerkten, war (und ist auch heute) der Ex-

África 1961–1974, Vol. 6 Aspecto da Actividade Operacional, Nr. 1 Angola Bd. 1, Lissabon 1998, S. 263–264.

[259] Vgl.: PA AA, B 57, Bd. 918, BMWi an AA, Betr.: Ausfuhr nach Portugal, 18. Juni 1970.

[260] Vgl.: PA AA, B 26, Bd. 113, Referat 412, Aufzeichnung, 21. Juli 1961.

[261] Vgl.: AAPD, 1962, Bd. I, Dok. 4, S. 26–46: 4. Januar 1962: Aufzeichnungen (des Vortragenden Legationsrats I. Klasse) von Stechow, S. 32.

[262] Vgl.: Hallbauer, S. 218 und Estado-Maior do Exército, Angola, Bd. 2, S. 492.

port von Lkw (und ähnlichem »Dual-Use«-Material) fast keinen Beschränkungen unterlegen und damit nahezu frei.[263]

Für den Zeitraum 1959 bis 1968 werden die Profite privater deutscher Rüstungsunternehmen aus Exporten nach Portugal auf 170 Mio. DM geschätzt. Bis 1970 wuchs diese Zahl auf circa 220 Mio. DM an. Allein im Jahr 1970 verdienten deutsche Firmen 58,1 Mio. DM durch Verkäufe von Waffen und Kriegsmaterial an die portugiesischen Streitkräfte. Das entsprach 14,9 % der insgesamt 389 Mio. DM Profit, die in diesem Jahr durch deutsche Rüstungsexporte erzielt wurden. Zu beachten ist, dass der Bau von drei Korvetten durch die Hamburger Werft *Blohm + Voss* für die portugiesische Marine einen großen Teil der Exportgewinne des Jahres 1970 ausmachte.[264]

Dieses Geschäft war im Laufe des Jahres 1968 im Hinblick auf die kurz darauffolgenden Verhandlungen um die Reduzierung des Beja-Projektes vereinbart worden. Obwohl die Schiffe mit einem Holzkiel und einer Verdrängung von 1.380 t speziell für den Einsatz in den Kolonien entworfen worden waren, versuchte das BMVg die Bedenken zu zerstreuen, da die Korvetten unbewaffnet ausgeliefert wurden und die vorgesehene, von den USA gestellte Bewaffnung einen Einsatz in Afrika angeblich ausschließe.[265] Anfang der 1970er-Jahre waren sie die bisher größten nach dem Zweiten Weltkrieg in Deutschland gebauten Kriegsschiffe. Nach den Plänen der drei in Hamburg konstruierten Schiffe ließen die Portugiesen drei weitere in einer Werft in Spanien bauen. Blohm + Voss lieferte hierfür wichtige Komponenten. Entgegen den Erwartungen des BMVg waren die ersten Korvetten bereits kurz nach der Auslieferung 1970 in den Gewässern vor Angola im Einsatz.[266]

Neben den Infanteriewaffen und Fahrzeugen war die Bundesrepublik auch einer der wichtigen Lieferanten von Flugzeugen für die portugiesische Luftwaffe. Mit über 100 Exemplaren war die *Dornier* Do 27 das meistgelieferte deutsche Flugzeug. Der einmotorige Hochdecker war als leichtes Transport- und Verbindungsflugzeug für zwei Besatzungsmitglieder und zwei bis vier Passagiere konzipiert. Aufgrund der guten Start- und Landeeigenschaften auf kurzen und unbefestigten Pisten eignete

[263] Vgl.: PA AA, B 26, Bd. 113, Referat 412, Aufzeichnung, 21. Juli 1961.

[264] Vgl.: Lopes, S. 147.

[265] Vgl.: Walden, Hans: Wie geschmiert. Rüstungsproduktion und Waffenhandel im Raum Hamburg – Ein Schwarzbuch, Hamburg 1997, S. 112 und PA AA, B 26, Bd. 400, Referat III A 4, Betr.: Lieferung von Korvetten für Portugal, 14. März 1968.

[266] Vgl.: Walden, Hans, S. 112 und Lopes, S. 147.

sich das Flugzeug hervorragend für den Einsatz in Afrika. Die portugiesische Luftwaffe nutzte die Dornier an allen drei Fronten des Krieges als Aufklärungs-, Transport- und Sanitätsflugzeug. Für die Luftaufklärung erwies sich die Do 27 als unverzichtbar.[267] Während manche Stellen im AA wegen des wahrscheinlichen Einsatzes in Angola von Anfang an Bedenken gegen die Lieferung der Do 27 äußerten, wurde vom BMVg immer wieder betont, dass die Maschine kein Kampfflugzeug sei und daher auch nicht als Kriegswaffe oder Rüstungsgut klassifiziert werden könne.[268] Die Praxis sah ganz anders aus. Das leichte Flugzeug wurde von den Portugiesen mit Raketenwerfern aus französischer Entwicklung für Angriffsmissionen ausgerüstet und erwies sich als nützliche Waffe im Kampf gegen die afrikanischen »guerrilheiros«.[269]

Das BMVg unter Franz Josef Strauß vermittelte in den Jahren 1960/1961 den ersten Verkauf von Do 27 an die portugiesische Luftwaffe. Da die Firma Dornier aber nicht sofort liefern konnte, stellte das BMVg den Portugiesen drei Maschinen aus Beständen der Bundeswehr kostenfrei zur Verfügung.[270] Das Konsulat in Luanda berichtete Anfang 1961, dass acht Do 27 aus der Bundesrepublik zerlegt in Luanda eintreffen sollten, wo sie von deutschen Technikern zusammengesetzt und eingeflogen würden. Die deutschen Flugzeugmechaniker verließen Angola im Juli 1961 wieder.[271] Im Laufe des Jahres waren nach den drei Maschinen der Bundeswehr insgesamt 13 weitere Flugzeuge von Dornier an die portugiesische Luftwaffe geliefert worden. Das Muster erfreute sich großer Beliebtheit, sodass im gleichen Jahr eine Order über 24 weitere Maschinen folgte. Infolge von Presseberichten über den Einsatz der Do 27 in Angola äußerten sich im AA erneut kritische Stimmen. 1962 betonte Ludwig Erhard in einem Schreiben an das AA die Bedeutung des Auftrages für die Firma Dornier, der angesichts des französischen Konkurrenzangebotes einer Existenzfrage gleichkäme.[272] Im September 1962 konnten die portugiesischen Militärs schließlich die Ankunft der 24 bestellten Maschinen in Angola nach Lissabon

[267] Vgl.: Lopes, S. 145, Afonso; Gomes, S. 369–370 und Cann, S. 116–117.

[268] Vgl.: PA AA, B 26, Bd. 113, Allart, Aufzeichnung, 6. Oktober 1961 und PA AA, B 14, Bd. 1890, BMVg an Sts. Freiherr von Braun, AA, 9. September 1971.

[269] Vgl.: Cann, S. 132 und Afonso; Gomes, S. 370.

[270] Vgl.: PA AA, B 26, Bd. 113, Allart, Aufzeichnung, 6. Oktober 1961.

[271] Vgl.: Ebd. und PA AA, B 26, Bd. 71, Konsulat Luanda an AA, Betr.: Verstärkung für die portugiesische Luftwaffe in Angola, 4. April 1961.

[272] Vgl.: PA AA, B 26, Bd. 113, BMWi an Sts. des Kanzleramtes, Betr.: Ausfuhr von 24 Flugzeugen vom Typ Do 27 nach Portugal, 29. Mai 1962.

melden. Acht andere Do 27, vermutlich aus der früheren Bestellung, wurden Anfang der 1960er-Jahre in Moçambique stationiert.[273]

Gut ein Jahr später, im November 1963, schlossen die Verteidigungsministerien beider Länder einen Vertrag über die Lieferung von weiteren 46 Do 27 sowie 70 gebrauchten Maschinen vom Typ *Harvard* T-6. Das Abkommen bot sehr günstige Zahlungsbedingungen für Lissabon, da die Bundeswehr die T-6 ausmusterte. Neben den Flugzeugen lieferte man daher auch sämtliche zugehörigen Ersatz- und Zubehörteile, die sich noch in deutschen Beständen finden ließen.[274] Die T-6 war ein im Zweiten Weltkrieg entwickeltes, robustes Propellerflugzeug, das bei der deutschen Luftwaffe als Trainingsmaschine im Einsatz gewesen war. Da sie mit Bomben, Raketen und Maschinengewehren bewaffnet werden konnte, nutzte die portugiesische Armee sie für Angriffs- und Aufklärungsmissionen an allen drei Kriegsschauplätzen.[275]

Erneut kündigte sich im AA Widerstand gegen eine solche Rüstungslieferung an. Man verlangte eine verbindliche Versicherung über den Endverbleib der Flugzeuge in Portugal, um den Einsatz in Afrika auszuschließen. Der portugiesische Verteidigungsminister Gomes de Araújo und Ministerpräsident Salazar wandten sich daher persönlich an Adenauer und den deutschen Verteidigungsminister von Hassel. Auf Kanzlergeheiß wurde die Lieferung genehmigt und im Vertragstext vermerkt: »Die Flugzeuge, die von der Bundeswehr überlassen werden, bleiben in Portugal und werden zur Verteidigung der NATO-Interessen genutzt«.[276]

Als die Bundesregierung die Reduzierung ihrer Projekte in Portugal beschloss, bot man Lissabon in den anschließenden Verhandlungen 1968 als Kompensation für die ausbleibenden deutschen Investitionen die Lieferung weiterer Do 27 aus Beständen der Bundeswehr an. Die Vertreter aus Bonn und Lissabon einigten sich auf eine Anzahl von 30 Maschinen, die im Laufe der Jahre 1968 und 1969 nach Portugal transportiert wurden.[277]

Bereits Anfang 1965 hatten die Portugiesen um den Verkauf von ausrangierten F-86 *Sabre* Düsenjägern der Bundeswehr gebeten. Da diese in den USA konstruierten Jagdflugzeuge aus kanadischer Pro-

[273] Vgl.: Fonseca, S. 166.
[274] Vgl.: Ebd., S. 166–168.
[275] Vgl.: Afonso; Gomes, S. 370.
[276] Zitiert nach Fonseca, S. 169, eigene Übersetzung, vgl. Ebd., S. 168–169.
[277] Vgl.: PA AA, B 26, Bd. 400, Referat III A 4, Vermerk, Betr.: Exporte von Waffen und Kriegsmaterial nach Portugal, vom 26. Februar 1969.

duktion stammten, benötigte die Bundesregierung eine Erlaubnis der kanadischen Regierung für den Export nach Portugal. Die Kanadier verweigerten jedoch ihre Zustimmung, da ein Einsatz der Maschinen in den afrikanischen Kolonien wahrscheinlich war.[278] Die portugiesische Regierung bestand aber auf einer Lieferung von Flugzeugen aus der Bundesrepublik und drohte mit der Einstellung des Stützpunktbaus in Beja. Da Lissabon sich nicht auf die F-86 festgelegt hatte, kam man in Bonn auf die Idee, stattdessen die Fiat G 91 anzubieten. Dieser Düsenjäger war für den Einsatz als Erdkampfflugzeug und Jagdbomber in Italien konstruiert worden und wurde Mitte der 1960er-Jahre auch in Westdeutschland produziert. Einem Export stand daher nichts im Wege. Nach Einschätzung der Beamten des AA war die Maschine außerdem technisch nicht für den Einsatz in Afrika geeignet.[279]

Am 1. Oktober 1965 entschied der Bundesverteidigungsrat nach energischer Fürsprache des BMVg für den Verkauf von 40 G 91 an Portugal. Das Geschäft war sehr günstig für Lissabon, denn Bonn verlangte nur 17,5 Mio. DM für die 40 Maschinen samt Ersatzteilen und Reservetriebwerken. Der Kaufvertrag war an die Mitte 1965 vereinbarte allgemeine Endverbleibsklausel für deutsche Rüstungslieferungen nach Portugal gebunden (siehe auch den folgenden Abschnitt 4.4). Dieser Formulierung zufolge sollten die Flugzeuge »[...] ausschließlich in Portugal zu Verteidigungszwecken im Rahmen des Nordatlantikpaktes benutzt werden«.[280]

Die Einschätzung der AA-Beamten, die G 91 sei für den Einsatz in Afrika nicht geeignet, erwies sich sehr bald als falsch. Mitte 1966 berichtete die PAIGC, dass bei einem portugiesischen Luftangriff auf ein Dorf in Guinea-Bissau Flugzeuge mit bundesdeutschen Hoheitszeichen beteiligt gewesen seien. Diese Nachricht erfuhr ein großes internationales Presseecho. Die portugiesische Regierung bestätigte auf Anfrage der deutschen Botschaft in Lissabon zwar die Stationierung von vier G 91 in Guinea, bestritt jedoch deren Beteiligung an dem besagten Angriff. Da die G 91 für den Einsatz als Erdkampfflugzeug und Jagdbomber konzipiert war, liegt die Vermutung nahe, dass die portu-

278 Vgl.: AAPD, 1965, Bd. I, Dok. 55, S. 247–250: 5. Februar 1965: Aufzeichnung von Middelmann, S. 247–248.

279 Vgl.: AAPD, 1965, Bd. III, Dok. 355, S. 1452–1456: 17. September 1965: Aufzeichnung von Hardenberg, S. 1452–1453.

280 AAPD, 1966, Bd. I, Dok. 51, S. 235–237: 28. Februar 1966: Aufzeichnungen des Referats III A 4, S. 236 und PA AA, B 57, Bd. 918, BMVg, Betr.: Lieferung von Rüstungsmaterial an Portugal, 22. September 1970.

giesische Luftwaffe sie so dringend an der Front benötigte, dass nicht einmal Zeit für eine neue Lackierung geblieben war. Für die Bundesregierung war damit klar, dass die unter der Endverbleibsklausel gelieferten Flugzeuge mit Sicherheit in Afrika eingesetzt wurden.[281]

Die letzten wichtigen Flugzeuge, die die portugiesische Luftwaffe aus der Bundesrepublik bezog, waren Transporter vom Typ *Noratlas.* Die Konstruktion stammte vom staatlichen französischen Flugzeugbauer *Nord Aviation* und konnte sieben Tonnen Fracht oder bis zu 45 Soldaten mit Ausrüstung befördern. In Westdeutschland war das Flugzeug in Lizenz produziert worden und wurde in der Bundeswehr ab Ende der 1960er-Jahre durch die modernere Transall C-160 ersetzt.[282]

Bereits 1965 waren vier Noratlas nach Portugal geliefert worden. 1969 folgten weitere sieben. Im folgenden Jahr vermachte die Bundesluftwaffe den portugiesischen Streitkräften noch zwei Noratlas-Exemplare, die laut Kaufvertrag nur als Ersatzteillager dienen durften, sowie eine Maschine, die bei einem Unfall in der Flugzeugwerft von Alverca so schwer beschädigt worden war, dass sie ebenfalls nur noch als Ersatzteilspender taugte.[283] Die Firma OGMA, die für die Instandsetzung der portugiesischen Luftwaffe verantwortlich war, bekundete 1971 Interesse an drei weiteren Noratlas, um sie zur Ersatzteilgewinnung zu nutzen. Da die Bundeswehr über 30 ausgesonderte Maschinen verfügte, war das BMVg an einer Lieferung sehr interessiert.[284]

Im AA hingegen war man sich nicht einig. Das für die Beziehungen zu den afrikanischen Staaten zuständige Referat betonte erneut, dass Rüstungslieferungen nach Portugal dem Ansehen der Bundesrepublik in Afrika schaden würden. Da die UN-Vollversammlung tage, sei erneute internationale Kritik an der deutschen Politik zu erwarten.[285] Das Portugal-Referat hingegen blieb bei der Befürwortung der Lieferung und argumentierte, dass man angesichts der deutschen Sicherheitsin-

[281] Vgl.: AAPD, 1966, Bd. II, Dok. 242, S. 1020–1022, 1. August 1966: Aufzeichnungen von Harkot, S. 1020.

[282] Vgl.: Afonso; Gomes, S. 369 und »Lappen im Tank« vom 8. Januar 1958, in: DER SPIEGEL 1958/2 sowie »Bei uns unüblich« vom 14. Juni 1971, in: DER SPIEGEL 1971/25.

[283] Vgl.: PA AA, B 26, Bd. 447, BMVg an AA, Betr.: Verkauf von ausgesonderten Flugzeugen des Typs Noratlas an die Portugiesischen Streitkräfte bzw. die OGMA/Alverca, 7. Oktober 1971.

[284] Vgl.: Ebd.

[285] Vgl.: PA AA, B 14, Bd. 1890, Referat I B 3, Betr. Verkauf von ausgesonderten Flugzeugen des Typs Noratlas an die Portugiesischen Streitkräfte bzw. die OGMA/Alverca, 2. Oktober 1971.

teressen in Portugal, welche hauptsächlich in der Luftwaffenbasis Beja und der NATO-Mitgliedschaft Portugals lagen, zu einem gewissen Level der Zusammenarbeit mit Lissabon verpflichtet sei.[286] Im Februar 1972 machte das AA die Entscheidung über die Lieferung der Noratlas schließlich von der Bereitschaft der Portugiesen über eine Neuformulierung der Endverbleibsklausel abhängig (siehe auch den folgenden Abschnitt 4.4).[287]

Alle von der Bundesrepublik gelieferten Flugzeugtypen wurden von den Portugiesen für den Kriegseinsatz in Afrika genutzt. 1972 hatte die portugiesische Luftwaffe 94 Flugzeuge in Angola stationiert. Davon stammten mit 22 T-6 und 38 Do 27 mehr als die Hälfte aus Westdeutschland. Bei den zehn in Angola eingesetzten Noratlas-Transportern ist dies nicht eindeutig, da die portugiesische Luftwaffe auch Maschinen aus Frankreich erhielt. Eine Herkunft zumindest eines Teils dieser Flugzeuge aus Beständen der Bundeswehr ist aber wahrscheinlich.[288] Von den 99 Flugzeugen, die Anfang 1973 in Moçambique stationiert waren, stellten mit 29 T-6, 34 Do 27 und 16 G 91 die Maschinen aus der Bundesrepublik ebenfalls den Großteil der Flotte. In Guinea-Bissau war es ähnlich: von 31 vorhandenen Flugzeugen waren 26 Maschinen vom Typ T-6, Do 27 oder G 91.[289]

Manche der zuständigen Beamten im AA standen den Rüstungslieferungen nach Portugal sehr skeptisch gegenüber. Besonders zu Beginn des Krieges in Angola wurde beispielsweise der Export von Pistolen und Munition in die portugiesischen Überseegebiete vom AA sofort untersagt.[290] Doch auch die Lieferung von Waffen und Material in die portugiesische Metropole verlief nicht immer reibungslos. Wie das Beispiel der Lieferung der Do 27 und T-6 von 1963 zeigte, wurde der Export erst nach deutsch-portugiesischen Kontakten auf höchster Ebene und der Intervention des Kanzleramtes genehmigt. 1970 scheiterte ein

[286] Vgl.: PA AA, B 26, Bd. 447, Referat I A 4 an Referat III A 4, Betr.: Verkauf von Ausgesonderten Flugzeugen des Typs Noratlas an Portugal, 15. Oktober 1971 und PA AA, B 14, Bd. 1890, Referat I A 7 an Referat III A 4, Betr.: Lieferung von Rüstungsmaterial an Portugal und deutsche Afrikapolitik, 29. Oktober 1971.

[287] Vgl.: PA AA, B 26, Bd. 447, Referat I A 4 an Referat III A 4, Betr.: Erteilung der Ausfuhrgenehmigung, 23. Februar 1972.

[288] Vgl.: Afonso; Gomes, S. 176 und Marcos, S. 106–109 und 114.

[289] Vgl.: Afonso; Gomes, S. 176.

[290] Vgl. zum Beispiel PA AA, B 26, Bd. 113, Referat 206 an Referat 413, Betr.: Ausfuhr von Pistolen und Munition nach São Tomé, 16. November 1961 oder PA AA, B 26, Bd. 113, AA an BMWi, Betr.: Lieferung von 570 automatischen Pistolen nach Moçambique, 20. September 1961.

geplanter Verkauf von Do 27 sogar am Widerstand des AA.[291] Das verdeutlichte auch den portugiesischen Militärs und Politikern, dass sie nicht mit absoluter Sicherheit auf Rüstungslieferungen aus der Bundesrepublik zählen konnten. Bei den Verhandlungen um die Reduzierung der deutschen Projekte in Portugal, die ab Ende 1967 stattfanden, verlangte die portugiesische Delegation daher von der Regierung in Bonn eine verbindliche Zusage über weitere Lieferungen von Rüstungsmaterial aus Westdeutschland.[292] Hinzu kam, dass die Entscheidungskompetenz über Waffenexporte ab Anfang der 1970er-Jahre im zunehmend rüstungskritischen AA konzentriert wurde.[293]

Welche Bedeutung den Rüstungsexporten nach Portugal von bundesdeutscher Seite beigemessen wurde, zeigt zum Beispiel die interne Diskussion um eine Lieferung von Mörsergranaten im Jahr 1968. Das AA lehnte einen Antrag des BMVg für den Export von 290.000 Mörsergranaten aus Überschussbeständen ab, weil der Einsatz der Munition in Afrika wahrscheinlich erschien.[294] Da die Bundesrepublik keine Rüstungslieferungen aus Portugal mehr bezog und die Reduzierung der Projekte um die Basis Beja bevorstand, befürchtete man jedoch eine Verschlechterung der deutsch-portugiesischen Beziehungen, vor allem im militärischen Bereich. Daher schlug das BMVg vor, die Munition in begrenzter Menge (150.000) zu liefern, da »[...] für die Pflege der verteidigungswirtschaftlichen Beziehungen praktisch nur die Erfüllung portugiesischer Materialwünsche übrig bleibt.«[295] Anders gesagt, sollten die Waffenlieferungen also dazu dienen, die Beziehung zu Lissabon weiterhin auf einem freundschaftlichen Niveau zu halten, um Portugals Mitgliedschaft in der NATO und die bundesdeutschen Investitionen in den Luftwaffenstützpunkt Beja nicht zu gefährden.

Gerade die Drohungen Lissabons, aus der NATO auszutreten oder die militärische Kooperation mit der Bundesrepublik zu beenden, ließen im Bonner Verteidigungsministerium regelmäßig die Alarmglocken läuten. 1971 bat das BMVg erneut um die Freigabe einer Lieferung

291 Vgl.: Lopes, S. 148.

292 Vgl.: PA AA, B 26, Bd. 400, Referat III A 4, Betr.: Lieferung von Überschussmaterial an Portugal, 1. Oktober 1968.

293 Vgl.: AAPD, 1969, Bd. I, Dok. 93, S. 335–337: 7. März 1969: Aufzeichnungen Behrens, S. 335–336 und AAPD, 1971, Bd. I, Dok. 83, S. 403–407: 5. März 1971: Aufzeichnung von Dietrich, S. 403.

294 Vgl.: PA AA, B 26, Bd. 400, Referat III A 4 an BMVg, Betr.: Verkauf von 290 000 Mörserpatronen 81 mm an Portugal, 16. Juli 1968.

295 PA AA, B 26, Bd. 400, Referat I A 4 an Abteilung III, Betr.: Verkauf von 290 000 Mörserpatronen 81 mm an Portugal, 28. Juni 1968.

von Granatzündern, die von den portugiesischen Waffenfabriken dringend benötigt wurde. Der Luftwaffenstützpunkt Beja sei mittlerweile »[...] zu einem nicht mehr entbehrlichen Teil der Infrastruktur der deutschen Luftwaffe geworden« und stehe durch eine Verweigerung der Lieferung auf dem Spiel.[296]

Der Bundessicherheitsrat und das AA hielten jedoch ab 1971 fast sämtliche genehmigungspflichtigen Exportanträge für Rüstungsgüter nach Portugal zurück. Während die Ausfuhr von Materialzulieferungen und kleineren Komponenten, deren Ursprung man nicht auf die Bundesrepublik Deutschland zurückführen konnte, relativ schnell erlaubt wurde,[297] sollten Exporte von Material, dessen bundesdeutsche Herkunft nicht zu verschleiern war, bis zum Abschluss einer neuen, eindeutigen Endverbleibsklausel zurückgestellt werden.[298] Als schließlich Verhandlungen über die Neuformulierung der Endverbleibsklausel und die Einrichtung eines neuen Schießplatzes für den Stützpunkt Beja bevorstanden, wollte die Bundesregierung ihren »guten Willen« unter Beweis stellen und für ein positives Verhandlungsklima sorgen. Im September 1971 genehmigte der Bundessicherheitsrat den Export von Mörserzündern und Artilleriemunition.[299] Im Mai 1972 folgte die Genehmigung weiterer Lieferungen, auf die die Portugiesen schon seit dem Vorjahr dringend warteten.[300]

Nach der engen Partnerschaft der 1960er-Jahre stellte der Stopp eines Großteils der deutschen Rüstungslieferungen und die zähen Verhandlungen um die Neuformulierung der Endverbleibsversicherung zu Beginn der 1970er-Jahre einen Tiefpunkt der militärischen Beziehungen zwischen der Bundesrepublik und Portugal dar. Die Bundesregierung unter Willy Brandt versuchte sich energischer als alle ihre Vorgängerinnen von Portugals Krieg in Afrika zu distanzieren.[301]

296 Vgl.: PA AA, B 14, Bd. 1890, BMVg an AA, 9. September 1971.

297 Vgl.: Lopes, S. 149, Anm. 124.

298 Vgl.: PA AA, B 57, Bd. 918, Referat III A 4, Betr.: Endverbleibsklausel Portugal für deutsche Rüstungsgüter, 3. August 1971. Beispielhaft hierfür sind eine Bestellung von 1000 Lafetten von Heckler & Koch, vgl. PA AA, B 26, Bd. 447, Referat I A 4 an Referat III A 4, Betr.: Erteilung der Ausfuhrgenehmigung, 23. Februar 1972 oder ein Antrag auf Export von Material zur Herstellung von Detonatoren, vgl. PA AA, B 26, Bd. 447, Referat I A 4 an Referat III A 4, Betr.: Erteilung der Ausfuhrgenehmigung, 18. Mai 1972.

299 Vgl.: Lopes, S. 149.

300 Vgl.: AAPD, 1972, Bd. II, Dok. 157, S. 647–651: 1. Juni 1972: Aufzeichnungen von Reitberger, S. 648 und 651, Anm. 10.

301 Vgl.: Lopes, S. 159–161.

4.4 Die Endverbleibsklausel

Der Einsatz von deutschen Flugzeugen durch die portugiesische Armee in Angola Anfang der 1960er-Jahre bot der Weltöffentlichkeit einen anschaulichen Beweis für die deutsch-portugiesische Kooperation und verschärfte die internationale Kritik an der Bundesrepublik. Um dieses Problem einzudämmen, verlangte Bonn 1962 erstmals eine Versicherung von der portugiesischen Regierung, dass das gelieferte Kriegsmaterial und insbesondere die Flugzeuge nur in der Metropole eingesetzt werden würden. Lissabon wehrte sich zunächst gegen eine solche Verpflichtung. Im Mai 1962 bot die portugiesische Regierung an, zu versichern, dass Rüstungskäufe aus Westdeutschland »für das Verteidigungsministerium zum Einsatz in Portugal« erworben würden.[302] Für das Regime in Lissabon waren die Territorien in Afrika als »Überseeprovinzen« jedoch fester Bestandteil der portugiesischen Nation. Nach diesem Standpunkt verließ das deutsche Kriegsmaterial also Portugal nicht, wenn es in Angola, Guinea oder Moçambique zum Einsatz kam. In Bonn war man zunächst beruhigt, da man nun eventuelle Kritiker auf die Erklärung der portugiesischen Regierung verweisen konnte.[303]

1965 bat Bundeskanzler Erhard in einem Brief an Salazar erneut darum, dass Militärmaterial aus westdeutscher Produktion nur für NATO-Zwecke in Europa eingesetzt werde, da die Bundesrepublik schwerer internationaler Kritik ausgesetzt sei.[304] Im Laufe des Jahres trafen sich Vertreter des AA und der portugiesischen Botschaft in Bonn zu Verhandlungen über eine präziser formulierte Endverbleibsklausel für Kauf- und Lieferverträge. Am 16. Juli 1965 einigte man sich auf folgende Formulierung: »Die Waffen und Geräte, die die Bundesrepublik Deutschland Portugal im Geiste der dem Abkommen vom 15.1.1960 zu Grunde liegenden Reziprozität verkauft oder überlässt, werden ausschließlich in Portugal zu Verteidigungszwecken im Rahmen des Nordatlantikpaktes benutzt werden«.[305]

Im AA vermerkte man bereits 1969, dass die Endverbleibsklausel im

[302] Fonseca, S. 164, eigene Übersetzung.
[303] Vgl.: Ebd. und Lopes, S. 145.
[304] Vgl.: Fonseca, S. 177.
[305] PA AA, B 57, Bd. 918, Referat III A 4, Betr.: Endverbleibsklausel Portugal für deutsche Rüstungsgüter, 3. August 1971.

Kaufvertrag keinen effizienten Schutz gegen Missbrauch biete.[306] Die Bundesregierung hielt trotzdem an dieser Praxis fest. Im April 1971 beschloss der Bundessicherheitsrat, dass eine Neuformulierung der Endverbleibsklausel nötig sei, die den Verbleib des von der Bundesrepublik gelieferten Materials im »geographischen Geltungsbereich der NATO« sicherstelle. Das AA wurde damit beauftragt, dies mit den Portugiesen auszuhandeln. Alle genehmigungspflichtigen Exportanträge für Kriegswaffen nach Kriegswaffenkontrollgesetz (KWKG) und Rüstungsgüter sollten bis zur Einigung über eine neue Endverbleibsklausel zurückgestellt werden.[307]

Diese Maßnahme der Bundesregierung zeigt, dass sich Bonn über den Einsatz deutscher Waffen und Rüstungsmaterialien durch die Portugiesen in Afrika durchaus im Klaren war. Lissabon wiederum versuchte alles, um eine Neuformulierung der Endverbleibsklausel zu umgehen oder zumindest hinauszuzögern. Der portugiesische Außenminister Rui Patricio erklärte seinem bundesdeutschen Kollegen Walter Scheel im Juni 1972, dass Verhandlungen über die Endverbleibsklausel nur nach Lieferung der bestehenden Bestellungen beginnen könnten.[308] Wie bereits im vorhergehenden Abschnitt gezeigt wurde, wollte die Bundesregierung eine Verschlechterung der Beziehungen zu Lissabon nicht riskieren und der BSR genehmigte einige Lieferungen, auf die Lissabon bereits seit über einem Jahr wartete.

Da zudem auch noch die Frage nach der Einrichtung eines neuen taktischen Schießplatzes für den Luftwaffenstützpunkt Beja im Raum stand, sollten die Verhandlungen über die neue Endverbleibsklausel Ende 1972 zunächst nicht weitergeführt werden, bis die Schießplatzfrage geklärt war.[309] Ein neuer Schießplatz wurde nicht realisiert. Daher verlor auch das Beja-Projekt weiter an Bedeutung und Bonn befand sich in einer vorteilhaften Verhandlungsposition gegenüber der portugiesischen Regierung. Um Lissabon nicht durch eine zu »harte« Endverbleibsklausel oder einen völligen Exportstopp von Kriegsmaterial vor den Kopf zu stoßen, wurde beschlossen, einen Kompromiss einzu-

[306] Vgl.: PA AA, B 26, Bd. 400, Referat III A 4, Vermerk, Betr.: Exporte von Waffen und Kriegsmaterial nach Portugal, 26. Februar 1969.

[307] Vgl.: PA AA, B 57, Bd. 918, Referat III A 4, Betr.: Endverbleibsklausel Portugal für deutsche Rüstungsgüter, 3. August 1971.

[308] Vgl.: AAPD, 1972, Bd. II, Dok. 157, S. 647–651: 1. Juni 1972: Aufzeichnungen von Reitberger, S. 648 und Lopes, S. 149–150.

[309] Vgl.: PA AA, B 26, Bd. 445, Referat 203 (I A 4), Betr.: Besuch des portugiesischen Botschafters, 1. Dezember 1972.

gehen. Es sollten keine »spektakulären« Waffen wie Panzer, Flugzeuge oder Kriegsschiffe mehr geliefert werden, wohl aber »unverfängliche Rüstungsgüter« und vor allem die von den Portugiesen dringend benötigten Zulieferungen für die eigene Rüstungsindustrie.[310]

Da einige Materiallieferungen seit fast zwei Jahren zurückgestellt waren, gab Lissabon im August 1973 schließlich nach und akzeptierte den Formulierungsvorschlag der Bundesregierung. Als Ausgleich wurden dringend benötigte Exporte von Mörserzündern und Flugzeugersatzteilen vom BSR und allen zuständigen Bundesministerien genehmigt und sogleich auf den Weg nach Portugal gebracht.[311] Für Bonn bedeutete dies auch nur einen Teilsieg, denn die bereits gelieferten Waffen blieben natürlich im Einsatz in Afrika und die internationale und innerdeutsche Kritik an der Politik der Bundesregierung dauerte an. Die Brandt-Regierung hielt allerdings an ihrem Kurs fest und erklärte auch bis zum Ende der Kriege in Afrika kein völliges Waffenembargo für Portugal.[312]

4.5 Zusammenfassung

Die Bundesrepublik Deutschland war ein wichtiger Partner Lissabons bei der Modernisierung der Streitkräfte und der portugiesischen Rüstungsindustrie. Als Ausgleich für die Bereitstellung militärischer Stützpunkte in Portugal für die Bundeswehr lieferte Westdeutschland modernes Rüstungsmaterial und Produktionsmittel, die es Portugal ermöglichten, selbst moderne Waffen und Munition herzustellen. Das deutlichste und offensichtlichste Beispiel ist sicherlich das Schnellfeuergewehr G3, das zur Standardwaffe der portugiesischen Soldaten in Afrika wurde (»a arma que fez a guerra«[313]). Die Produktion der Waffe in Portugal erfolgte in direkter Verantwortung der Bundesrepublik Deutschland, die als Inhaberin der Rechte an der Konstruktion als Lizenzgeber auftrat.[314] So wie das verwandte Maschinengewehr HK21 wurde das G3 in Portugal mithilfe deutscher Technologie und mit Maschinen aus Westdeutschland produziert. Die Produktion beider Waffen begann nach dem Ausbruch der Kämpfe in Angola und war von

[310] Vgl.: AAPD, 1973, Bd. I, Dok. 78, S. 366–370: 9. März 1973: Aufzeichnungen von Kruse, S. 366–367.
[311] Vgl.: Lopes, S. 151.
[312] Vgl.: Ebd., S. 151–152.
[313] Telo, As Guerras de África, S. 363.
[314] Vgl.: Grässlin, S. 431.

Zulieferungen und wichtigen Teilen aus der Bundesrepublik abhängig. Trotz internationaler Kritik und Resolutionen der Vereinten Nationen, die die Lieferung von Kriegsmaterial an Portugal verurteilten[315], exportierte die Bundesrepublik bis zum Ende des Kolonialkrieges notwendige Materialien und Komponenten. Bis 1974 wurden so fast 300.000 G3-Gewehre und über 7000 MG HK21 in Portugal hergestellt.[316]

Neben den deutschen Gewehren produzierten die portugiesischen Rüstungsbetriebe auch andere Waffen mit ausländischer Lizenz. Aus Frankreich kamen beispielsweise Pläne und Produktionsmittel für den Bau von Mörsern im Kaliber 61 mm und 81 mm. Die deutsche Hilfe war jedoch bei weitem die bedeutendste.[317] Die Ausstattung der portugiesischen Waffenfabriken mit Maschinen und Technik aus Westdeutschland erlaubte es Portugal, genügend Infanteriewaffen und Munition sowie weiteres Rüstungsmaterial für den Krieg in Afrika herzustellen und nötige Wartungs- und Reparaturarbeiten an Flugzeugen zu gewährleisten. Gleichzeitig konnte Lissabon durch die staatseigenen Rüstungsbetriebe Gewinne erwirtschaften, die wiederum für die Lieferung von Gütern an die portugiesischen Streitkräfte genutzt werden konnten.[318]

Lkw und Flugzeuge aus der Bundesrepublik stellten einen Großteil des militärischen Großgerätes, das Lissabons Soldaten in Afrika nutzten.[319] Die portugiesische Armee wurde nicht nur mit Waffen und Material aus den Überschussbeständen der Bundeswehr ausgerüstet, sondern war auch ein guter Kunde privatwirtschaftlicher deutscher Rüstungsunternehmen. Westdeutsche Firmen lieferten von Kriegsschiffen über Fallschirme bis zu Funkgeräten alles, was Portugals Armee benötigte. Die deutsche Wirtschaft setzte Millionen von DM durch Rüstungsgeschäfte mit Lissabon um. Allein von 1960 bis 1965 kaufte Portugal Kriegsmaterial im Wert von 250 Mio. DM in der Bundesrepublik.[320]

315 Vgl.: Knight, S. 41.

316 Vgl.: Tavares, Anhang 12, S. 206.

317 Vgl.: Tavares, Anhang 15, S. 209.

318 Vgl.: Ebd., S. 185.

319 Die G 91 waren zwar erst nach der Nelkenrevolution, kurz vor Ende der portugiesischen Verwaltung in Angola stationiert, bedeuteten aber in der Zeit vorher eine entscheidende Entlastung der portugiesischen Luftwaffe. In Angola wurde bis 1974 die aus den USA stammende F-84 in der gleichen Rolle wie die G 91 eingesetzt, vgl. Afonso; Gomes, S. 370.

320 Vgl.: AAPD, 1966, Bd. I, Dok. 51, S. 235–237: 28. Februar 1966: Aufzeichnungen des Referats III A 4, S. 235.

Im Gegenzug wurde die erste Auslandsbasis der Bundeswehr im südportugiesischen Beja errichtet. Bis 1965 investierte Bonn 750 Mio. DM in den Bau der Bundeswehr-Stützpunkte und Portugals militärische Infrastruktur.[321] Der frühe Bedeutungsverlust der westdeutschen Projekte in Portugal führte Mitte der 1960er-Jahre zu einer ersten Krise der deutsch-portugiesischen Beziehungen. Aufgrund der veränderten NATO-Doktrin, Problemen mit den Überflugrechten für Bundeswehrflugzeuge auf dem Weg nach Portugal und Budgetkürzungen im Verteidigungshaushalt wurden die Vorhaben des BMVg stark reduziert. Politische Bedenken waren für diese Entscheidung nicht ausschlaggebend. Die Bundesrepublik intensivierte ihr Engagement in Portugal gerade dann, als sich Lissabon immer mehr in den Krieg in Afrika verstrickte.[322] Während Bonn versuchte, die Portugiesen durch weitere Rüstungslieferungen für die Reduzierung der Bauprojekte und ausbleibende Investitionen zu entschädigen, war man gleichzeitig besorgt über die nationale und internationale Kritik, die der Einsatz deutscher Waffen durch die portugiesischen Soldaten in Afrika hervorrief. Im AA gab es Stimmen, die bereits Anfang der 1960er-Jahre den Exportstopp für Kriegsmaterial nach Portugal forderten, um die Beziehungen der Bundesrepublik zu den unabhängigen Staaten Afrikas und Asiens nicht zu gefährden. Durch die Formulierung einer Endverbleibsklausel sollte der Verbleib von Rüstungslieferungen in Portugal gesichert und der Einsatz dieser Waffen und Materialien in Portugals afrikanischen Kolonien ausgeschlossen werden.

Die Zusammenarbeit auf dem Gebiet der Rüstungsindustrie und der Materiallieferungen war nicht nur ein Ergebnis der engen deutsch-portugiesischen Beziehungen der 1960er-Jahre, sondern wurde trotz der nach außen hin distanzierten Haltung der Bundesregierung gegenüber Lissabon Anfang der 1970er-Jahre fortgesetzt. Die Bundesregierung unter Willy Brandt erhöhte zwar den Druck auf Lissabon und hielt von der portugiesischen Rüstungsindustrie dringend benötigte Exporte zurück, um Verhandlungsbereitschaft bei den Fragen einer neuen Endverbleibsklausel und der Zukunft der deutschen Projekte in Portugal herzustellen. Einen völligen Exportstopp wagte jedoch auch die Brandt-Regierung nicht. Bonn nutzte die Rüstungslieferungen weiterhin, um eine freundschaftliche Beziehung zu Lissabon zu pflegen und die NATO-Mitgliedschaft des geostrategisch wichtigen Portugals nicht zu gefährden.

321 Vgl.: Ebd.
322 Vgl.: Schroers, S. 53.

5 Die wirtschaftlichen Beziehungen

Im Gegensatz zu den vorangegangenen Jahrzehnten stellten die afrikanischen Kolonien während des Zweiten Weltkrieges und den folgenden Jahren endlich eine lukrative Einkommensquelle für den portugiesischen Staat dar. Mit dem Ausbruch der Kriege in den 1960er-Jahren wurden die Überseeterritorien jedoch wieder zum Verlustgeschäft für das Salazar-Regime. Die Kosten für die Militäreinsätze und Infrastrukturprojekte in Afrika nagten in den 1960ern und frühen 1970ern auch an den Gewinnen der boomenden Wirtschaft in der Metropole.[323]

Die Wirtschaftspolitik Salazars in den 1940er- und 1950er-Jahren versuchte, ausländisches Kapital aus Portugal und seinen Kolonien herauszuhalten. Das Streben nach ausgeglichenen Bilanzen und die Angst vor einer zu großen Einflussnahme ausländischer Investoren mündeten in einer protektionistischen Politik, die Innovationen verhinderte und Anleger aus dem Ausland vergraulte. Die wirtschaftliche und industrielle Entwicklung Portugals und seiner Überseegebiete wurden dadurch empfindlich gebremst.[324] Um investieren zu können, musste ein ausländisches Unternehmen mindestens zu 51 % auf portugiesischen Finanzmitteln basieren und einen Sitz in Portugal haben. Des Weiteren erwies es sich als kompliziert, investiertes Kapital wieder ins Ausland zurückzuführen. Investitionen in die rohstoffreichen Kolonien blieben daher ebenso aus wie in Portugal selbst, dessen bedeutendster Wirtschaftszweig weiterhin in der Landwirtschaft lag.[325]

Zu Beginn des Jahres 1961 kam es in der Metropole zu einer Liberalisierung der Wirtschaftsgesetze. Infolge des Kriegsausbruchs in Angola öffnete Lissabon 1962 auch die Kolonien für ausländische Investitionen. Die Wirtschaft sollte angekurbelt werden, um durch erhöhte Steuereinnahmen die Kosten für den Militäreinsatz zu kompensieren.

323 Vgl.: Clarence-Smith, S. 194–195, vgl. für einen Überblick über Salazars Wirtschaftspolitik in den Kolonien bis 1961: ebd., Kapitel 6 »Salazar and the colonial pact, 1926 to 1961«, S. 146–191. Die deutsche Botschaft in Lissabon berichtete beispielsweise 1971, dass der Plan für den Bau von Autobahnen in Portugal verkleinert werden musste, da ein Großteil des Haushaltes für den Krieg und Infrastrukturprojekte in Afrika verwendet wurde, vgl. PA AA, B 26, Bd. 446: Botschaft Lissabon an AA, Betr.: Bau von Autobahnen, 2. November 1971.

324 Vgl.: Ebd., S. 167 und El-Khawas, S. 21–22.

325 Vgl.: PA AA, B 58, Bd. 449, Konsulat Luanda an AA, Betr.: Erfahrungen mit Auslandskrediten und Investierungen in Angola, 30. August 1960 und El-Khawas, S. 21–22.

Das Regime hoffte, durch eine prosperierende Wirtschaft auch die Lebensbedingungen der afrikanischen Bevölkerung zu verbessern und somit den Befreiungsbewegungen die soziale Basis zu nehmen. 1965 folgte ein weiteres Gesetzespaket, das die Rahmenbedingungen für das Wirtschaftswachstum in Portugal und seinen Kolonien absteckte.[326]

Die portugiesische Regierung versuchte besonders ab 1965, ein attraktives Investitionsklima zu schaffen, indem Privilegien und Sonderkonditionen für ausländische Unternehmen angeboten wurden. Dies versprach zusammen mit den niedrigen Lohnkosten und dem Rohstoffreichtum der Kolonien hohe Gewinnchancen. Die Metropole bot ebenfalls günstige Bedingungen für ausländische Unternehmen durch die im europäischen Vergleich niedrigsten Löhne, ein absolutes Streikverbot und wirtschaftliche Stabilität.[327] Zwischen 1964 und 1971 stieg das Volumen ausländischer Direktinvestitionen in Portugal und seinen Kolonien von 284 Mio. auf 2,2 Mrd. Escudos. Maschinenbau-, Metall-, Chemie- und Papierindustrie bildeten während der 1960er-Jahre die Grundlage für ein jährliches Wirtschaftswachstum von durchschnittlich 7 % in Kontinental-Portugal und ermöglichten umfassende Industrialisierungsmaßnahmen.[328]

5.1 Die Bundesrepublik und die portugiesische Wirtschaft

Durch die Liberalisierung bot sich der vom »Wirtschaftswunder« beflügelten deutschen Wirtschaft in Portugal ein attraktives Investitionsfeld für überschüssiges Kapital. Im Februar 1960 trafen sich westdeut-

326 Vgl.: Alexandre, S. 81 und 83, Clarence-Smith, S. 204 und PA AA, B 58, Bd. 449, Anlage zum Bericht des Konsulates Luanda Nr. 172, 23. Juni 1966, sowie »Salazar umwirbt das internationale Kapital«, in: DIE ZEIT Nr. 13 vom 24. März 1961.

327 Vgl.: Afrika-Informationen aus Wirtschaft, Politik und Recht, Mitgliederschreiben des Afrika-Verein e.V., Hamburg, 1969/1, S. 20; El-Khawas, S. 27 und Schroers, S. 82–83.

328 Vgl.: Schümer, Martin: Die Wirtschaft Angolas 1973–1976 – Ansätze einer Entwicklungsstrategie der MPLA-Regierung, Hamburg 1977, S. 1 und Bernecker; Pietschmann, S. 119 und Clarence-Smith, S. 203. Der britische Wirtschaftshistoriker Gervase Clarence-Smith sieht in der Liberalisierung der portugiesischen Wirtschaftsgesetze jedoch keinen vollständigen Bruch mit der vorherigen Politik, da Restriktionen für ausländisches Kapital in bestimmten Sektoren zwar gelockert, aber nicht vollständig aufgehoben wurden. Er führt den Zufluss fremden Kapitals eher auf die Notwendigkeit technischer Innovation und einen allgemeinen Boom zurück als auf ein wirkliches Umdenken im Salazar-Regime, vgl. Clarence-Smith, S. 204–205.

sche Industrielle und portugiesische Regierungsvertreter in Köln und gründeten die »Gemischte Kommission für deutsch-portugiesische Zusammenarbeit«, die die Wirtschaftsbeziehungen der beiden Länder intensivieren sollte. Auch beim Besuch von Wirtschaftsminister Erhard in Lissabon im Mai 1961 wurde über die Anregung privater westdeutscher Investitionen in Portugal und mögliche Kapitalhilfen der Bundesrepublik für Portugals Entwicklungs- und Industrialisierungsprojekte diskutiert.[329]

Wenige Monate später, im November 1961, gewährte die bundeseigene Kreditanstalt für Wiederaufbau (KfW) den Portugiesen Finanzierungshilfen in Höhe von 150 Mio. DM, die für Bewässerungsprojekte und landwirtschaftliche Entwicklung im südportugiesischen Alentejo und die Modernisierung der Flughäfen von Lissabon, Porto, Faro und Funchal auf Madeira verwendet werden sollten. 1962 vergab die KfW erneut einen Kredit von 135 Mio. DM und auch private westdeutsche Banken boten dem portugiesischen Staat günstige Bedingungen für Anleihen. Unter der Großen Koalition folgte 1968 noch einmal ein Kredit der KfW über 50 Mio. DM, unter anderem für ein Staudammprojekt im Süden Portugals.[330]

Gemäß den Vorgaben des AA, welche die außenpolitischen Beziehungen zu Portugal und insbesondere zu den Überseegebieten betrafen, konzentrierten sich die durch die Bundesrepublik getragenen Entwicklungs- und Finanzierungshilfen auf die portugiesische Metropole. Dadurch sollte vermieden werden, dass Westdeutschland als Unterstützer des portugiesischen Kolonialismus erschien. Portugals Wirtschaft aber sollte gestützt und gefördert werden, damit es auch im Falle des Verlustes der Kolonien nicht zu einer wirtschaftlichen Krise und einem Austritt Lissabons aus der NATO komme.[331]

Diese Finanzhilfen jedoch bedeuteten auch eine Entlastung des portugiesischen Staatshaushaltes, wodurch andere Finanzmittel frei wurden, die das Regime in Lissabon nun für die Militäraktionen in Afrika verwenden konnte. Zeitgenossen kritisierten das und warfen der Bundesrepublik eine indirekte Finanzierung der portugiesischen Militärmaschinerie vor.[332] Unter Brandt kamen 1970 Zweifel in der Bun-

[329] Vgl.: Schroers, S. 83, Fonseca S. 185–188 und »Salazar umwirbt das internationale Kapital«, in: DIE ZEIT Nr. 13 vom 24. März 1961.

[330] Vgl.: Schroers, S. 84 und Fonseca, S. 192.

[331] Vgl.: PA AA, B 26, Bd. 72, Aufzeichnungen, Betr.: Die Problematik der portugiesischen Kolonialpolitik, 30. März 1961.

[332] Vgl.: Schroers, S. 84.

desregierung auf, ob es angebracht sei, weiterhin finanzielle Unterstützung in Form von Entwicklungshilfe an Portugal zu zahlen – einerseits aufgrund der außenpolitischen Komplikationen, andererseits aufgrund der Frage, ob man Portugal, das sich selbst als Geberland klassifizierte, noch als Entwicklungsland einstufen könne.[333]

Die deutsch-portugiesischen Handelsbeziehungen waren seit den 1950er-Jahren von einem Ungleichgewicht geprägt. Die Bundesrepublik exportierte weit mehr Güter nach Portugal, als von den Portugiesen nach Deutschland geliefert wurden. Bereits 1959 versuchte die Bundesregierung, das Außenhandelsdefizit Portugals im privatwirtschaftlichen Warenaustausch auszugleichen, indem Bestellungen der Bundeswehr an die portugiesische Rüstungsindustrie vergeben wurden (siehe auch Abschnitt 4.1).[334] Aufgrund der Stabilität des portugiesischen Escudo und der hohen Zahlungsmoral portugiesischer Unternehmen war das Land am Tejo ein attraktiver und zuverlässiger Partner für den westdeutschen Außenhandel. Ein qualitativer Blick auf den Warenaustausch verdeutlicht auch hier das Ungleichgewicht der Handelsbeziehungen. Während Portugal größtenteils landwirtschaftliche Produkte und einfache Manufakturwaren nach Westdeutschland exportierte, lieferte die Bundesrepublik hauptsächlich Investitionsgüter, Maschinen und industrielle Anlagen sowie chemische Produkte und Industrierohstoffe. In der westdeutschen Handelsbilanz spielte Portugal nur eine sehr kleine Rolle. 1972 gingen nur 0,7 % der Exporte aus der Bundesrepublik nach Portugal und nur 0,24 % der gesamten Importe stammten von dort.[335] Für Portugal jedoch war Westdeutschland seit Anfang der 1960er-Jahre das wichtigste Lieferland und löste damit Großbritannien als den traditionell wichtigsten Handelspartner ab. Als Empfänger portugiesischer Exporte rangierte die Bundesrepublik hingegen auf Platz vier, hinter den portugiesischen Überseegebieten, Großbritannien und den USA.[336]

Ende der 1960er-Jahre hatten sich bereits 34 westdeutsche Firmen in Portugal angesiedelt, unter anderem *Siemens, AEG-Telefunken, Bayer, BASF* und *Volkswagen*. Attraktiv für die deutschen Unternehmer war neben den nach wie vor günstigen Produktionsbedingungen und der Stabilität Portugals der Zugang zu den Ländern der *European*

[333] Vgl.: Lopes, S. 119–120.
[334] Vgl.: Lopes, S. 136 und Schroers, S. 60 und S. 81–85.
[335] Vgl.: Schroers, S. 85–86 und Statistisches Bundesamt Wiesbaden: Außenhandel – Reihe 8 Außenhandel des Auslandes: Portugal, Stuttgart/Mainz 1966, S. 34–37.
[336] Vgl.: Statistisches Bundesamt Wiesbaden: Portugal, S. 9 und Lopes, S. 104.

Free Trade Association (EFTA), deren Mitglied Portugal aufgrund der engen Wirtschaftsbeziehungen zu Großbritannien war. Da die Bundesrepublik Mitglied der *Europäischen Wirtschaftsgemeinschaft* (EWG) war, unterlag der westdeutsche Güterverkehr mit der EFTA-Freihandelszone strikten Zollbestimmungen. Deutsche Unternehmen wie zum Beispiel *Grundig* nutzten daher den Standort Portugal, um diese Zölle zu umgehen und ließen vor Ort nicht nur für den begrenzten portugiesischen Markt, sondern für die gesamte EFTA-Handelszone produzieren.[337]

Ähnlich wie beim Handel war auch in der Frage der Investitionen der Effekt des bundesdeutschen Engagements für Portugal größer als für die Bundesrepublik. Für das Beispieljahr 1972 betrug der Anteil der aus Westdeutschland in Portugal getätigten Investitionen nur 0,53 % des gesamten im Ausland investierten Kapitals. Für die portugiesische Wirtschaft waren die stetig steigenden Summen westdeutscher Investitionen jedoch bedeutend. Waren 1961 noch 8 Mio. DM aus der Bundesrepublik nach Portugal geflossen, investierten westdeutsche Unternehmen und Banken 1969 bereits 68 Mio. DM und 1973 sogar 198 Mio. DM. Damit kamen 1973 29,9 % aller ausländischen Investitionen in Portugal aus Westdeutschland.[338] Die Bundesrepublik stand Mitte der 1970er-Jahre auf Platz eins der Liste der größten Investoren in Portugal, noch vor den USA und Großbritannien. Erweitert man den Fokus auf die in den 1960er-Jahren geschaffene Escudo-Währungszone – also Portugal und die Kolonien – war die Bundesrepublik nach den USA der zweitgrößte Investor.[339] Wie die Wirtschafts- und Förderungspolitik der Bundesregierung trugen auch die Investitionen der westdeutschen Privatwirtschaft maßgeblich zum enormen Wirtschaftswachstum in Portugal bei.

Die Portugal-freundliche Wirtschaftspolitik wurde in Bonn nicht nur zum Wohle der Außenhandelsstatistik und der deutschen Unternehmen betrieben, sondern folgte auch einer politischen Strategie. Dieser Idee zufolge sollte eine wirtschaftliche Annäherung Portugals an Europa eine Loslösung von den Kolonien vereinfachen. Allgemeiner Wohlstand und eine starke Wirtschaft sollten die Position der reformorientierten, proeuropäischen Kräfte in Lissabon gegenüber den konservativen Hardlinern stärken, die Portugals Zukunft weiterhin in

[337] Vgl.: Schroers, S. 86.
[338] Vgl.: Ebd. und S. 100.
[339] Vgl.: Ferreira, Eduardo de Sousa: Strukturen der Abhängigkeit, Frankfurt am Main 1975, S. 29 und Schroers, S. 100.

Afrika sahen. Besonders die Bundesregierung unter Brandt sah darin eine Chance, auf eine Lösung der Kolonialproblematik hinzuwirken.[340] Bonn setzte sich daher für einen Anschluss Portugals an die Freihandelszone der EWG ein. 1970 begannen Verhandlungen über ein Assoziierungsabkommen, welche, unterstützt durch die Bundesregierung, im Juli 1972 zur Unterzeichnung eines Freihandelsabkommens zwischen Portugal und der EWG führten, das 1973 in Kraft trat. Parallel dazu modifizierte die portugiesische Regierung ihre Wirtschaftsgesetze 1972 erneut, um weitere ausländische Investoren zu gewinnen und die industrielle Entwicklung voranzutreiben.[341]

Wie im Falle der Finanzierungshilfen ist auch das wirtschaftspolitische Engagement der Bundesregierung und westdeutscher Unternehmen in Portugal kontrovers zu betrachten. Denn wie Lopes folgerichtig feststellt, trug die deutsche Hilfe für die Entwicklung der portugiesischen Wirtschaft dazu bei, dass diese stark genug wurde, um die Kosten des Kolonialkrieges für einen längeren Zeitraum kompensieren zu können.[342]

Wie die folgenden Abschnitte zeigen, engagierten sich deutsche Unternehmen auch in Angola und den anderen Überseegebieten und beteiligten sich damit an Lissabons Versuch, das koloniale Projekt durch eine florierende Wirtschaft zu verfestigen.

5.2 Die Bundesrepublik und die Wirtschaft Angolas

Ähnlich wie in der portugiesischen Metropole setzten mit der Liberalisierung der Wirtschaft in Angola ein Wirtschaftsboom und eine plötzliche Industrialisierung ein, die eine jährliche Wachstumsrate von durchschnittlich 7 % hervorbrachten.[343]

Angolas natürliche Ressourcen mit Vorkommen von Erdöl, Eisenerz und Diamanten bildeten dabei die Grundlage für eine blühende Exportwirtschaft, die Mitte der 1960er-Jahre den Agrarsektor als wichtigsten Wirtschaftszweig ablöste. Im Laufe des Jahrzehntes durchlief das Land eine Art Strukturwandel. Während 1962 nur 17,9 % aller Exporte Angolas aus dem Mineral- und Bergbausektor stammten, machten sie 1973

340 Vgl.: Lopes, S. 127.
341 Vgl.: Schroers, S. 99–100.
342 Vgl.: Lopes, S. 127.
343 Vgl.: Bernecker; Pietschmann, S. 121.

47,1 % der Gesamtexporte aus. Umgekehrt sank der Anteil landwirtschaftlicher Produkte am Gesamtexport von 70,9 % 1962 auf 35 % im Jahr 1972. Diesem Trend entsprechend konzentrierte sich von den ausländischen Investitionen, die nach der Öffnung der Wirtschaftsgesetze nach Angola flossen, ein Anteil von circa 32 % auf den Bergwerkssektor.[344] Besonders US-amerikanische und südafrikanische Investoren brachten große Mengen Kapital nach Angola und Moçambique. Durch Finanzhilfen, die an vor Ort tätige südafrikanische Unternehmen gezahlt wurden, war der südafrikanische Staat nominell gesehen einer der größten Investoren in den portugiesischen Überseegebieten.[345]

Eine der am schnellsten wachsenden Industrien war die Erdölförderung. Die US-amerikanische *Gulf Oil Company* war seit 1957 mit einer Konzession für die Suche nach Erdöl ausgestattet und begann Mitte der 1960er-Jahre mit der Ausbeutung der reichen Erdölfelder in der angolanischen Enklave Cabinda. Das Unternehmen investierte bis 1972 über 200 Mio. US-Dollar und produzierte 80 % des geförderten Rohöls in Angola, welches hauptsächlich nach Kanada und Japan exportiert wurde. Insgesamt waren Mitte der 1970er-Jahre etwa 20 Unternehmen in Angola mit der Suche nach und Förderung von Erdöl beschäftigt, unter anderem mehrere US-amerikanische Firmen und die von belgischem und portugiesischem Kapital kontrollierte *Petrangol.*[346] Der Abbau von Diamanten wurde zunächst von nur einem Unternehmen kontrolliert, *Companhia de Diamantes de Angola* (DIAMANG), hinter dem portugiesische, belgische und südafrikanische Kapitalinteressen standen. Anfang der 1970er-Jahre beschränkten die portugiesischen Behörden das Konzessionsgebiet der DIAMANG, sodass sich weitere Konsortien zur Ausbeutung der Diamantenvorkommen bildeten.[347] Zum dritten wichtigen mineralischen Rohstoffvorkommen Angolas, dem Eisenerz, siehe Abschnitt 5.3.

Neben dem Boom der natürlichen Ressourcen und Bodenschätze erfuhr auch der Landwirtschaftssektor während des Kolonialkrieges großangelegte Modernisierungs- und Industrialisierungsmaßnahmen. Durch Mechanisierung und die Einrichtung von Großbetrieben sollten Produktion und Gewinn maximiert werden. Diese Maßnahmen konzentrierten sich auf die hauptsächlich von Europäern betriebene

[344] Vgl.: PA AA, B 34, Bd. 517, Konsulat Luanda an AA, Betr.: Außenhandelsbericht Angola 1962, 9. Dezember 1963 und Schümer, S. 1–4, 67 und 77.

[345] Vgl.: Clarence-Smith, S. 205 und 208.

[346] Vgl.: Schümer, S. 10–18.

[347] Vgl.: Ebd., S. 38–43.

Plantagen- und Viehwirtschaft und gingen damit zulasten der traditionellen Anbaumethoden und der ländlichen afrikanischen Bevölkerung Angolas.[348]

Kaffee, der zuvor jahrzehntelang der Hauptexportartikel Angolas gewesen war, blieb auch während des Kolonialkrieges das wichtigste landwirtschaftliche Handelsgut. 1970 wurde auf einer Anbaufläche von circa 596.000 Hektar Kaffee angebaut. Der Anbau erfolgte zumeist auf Großplantagen.[349] Bereits in den Jahren 1960–1961 war Angola hinter der Elfenbeinküste zum zweitwichtigsten Kaffeeanbauland Afrikas aufgestiegen. In den Jahren bis 1974 etablierte man sich hinter Brasilien, der Elfenbeinküste und Kolumbien als viertgrößter Kaffeeproduzent der Welt. Die wichtigsten Käufer des angolanischen Kaffees waren Anfang der 1960er-Jahre die USA, die Niederlande, die portugiesische Metropole und die Bundesrepublik Deutschland.[350]

Weitere wichtige Produkte der angolanischen Landwirtschaft waren Baumwolle und Zucker. Diese wurden jedoch fast ausschließlich für den Bedarf vor Ort und den Markt der portugiesischen Metropole produziert. Erst gegen Ende der 1960er-Jahre erfolgte eine Steigerung der Exportquoten durch die Regierung. Die im Umfang der Handelsmengen etwas unbedeutendere Forstwirtschaft Angolas unterlag hingegen nur wenigen Exportbeschränkungen. Hauptabnehmer der Holzproduktion waren Portugal, Großbritannien, Westdeutschland und Südafrika.[351]

Die Beispiele der angolanischen Kaffee- und Holzexporte deuten bereits an, dass die Bundesrepublik ein wichtiger Abnehmer von Produkten aus Angola war. Wie im Folgenden gezeigt wird, sollten sich der Umfang des Warenaustausches und die Bedeutung der Handelsbeziehungen im Laufe der 1960er-Jahre immer weiter steigern.

1961 belegte Westdeutschland mit einem Anteil von 7,1 % am Gesamtexport Platz fünf der wichtigsten Abnehmer angolanischer Exporte. Gekauft wurden hauptsächlich Eisenerz, Kaffee, Maniok und Fischmehl. In der Rangfolge der wichtigsten Lieferländer hatte die Bundesrepublik mit einem Anteil von 8,46 % der Gesamtimporte so-

[348] Vgl.: Ebd., S. 69–70.

[349] Vgl.: Ebd., S. 68 und S. 89.

[350] Vgl.: Afrika-Bericht. Die Afrika Wirtschaft 1960/61, hrsg. v. Afrika-Verein e.V., Hamburg 1961, S. 164 und Boletim Geral do Ultramar, Jg. XXXIX, Nr. 456–457 (1963), S. 229.

[351] Vgl.: Schümer, S. 112, 115 und 132. Vgl. auch Sonderbeilage der Afrika-Informationen 1968/13, S. 2.

gar Platz vier inne. Geliefert wurden vor allem Kraftfahrzeuge und Ersatzteile, Stahlerzeugnisse, Medikamente und Werkzeuge.[352] Die Zahlen für das Jahr 1962 sahen ähnlich aus. Angola konnte sogar einen Zuwachs bei den Exporten nach Deutschland von 9,4 % verzeichnen, was einem Warenwert von etwa 5 Mio. DM entsprach.[353]

An dieser Stelle wird bereits das ungleiche Verhältnis der wirtschaftlichen Beziehungen deutlich. Aus westdeutscher Sicht hatte der Handelsverkehr mit Angola nur sehr geringe Bedeutung. Im Jahr 1965 betrugen die Anteile der Exporte nach und Importe aus Angola am Gesamtwert des bundesdeutschen Außenhandels jeweils nur 0,1 %. Angola lag auf der Liste der Lieferländer auf Platz 77 und bei der Rangfolge der Empfängerländer westdeutscher Exporte auf Platz 74.[354] Für Angola hingegen hatte der Handel mit der Bundesrepublik, wie die Zahlen des Jahres 1961 bereits zeigten, eine deutlich höhere Bedeutung, die sich in den Folgejahren kontinuierlich steigern sollte. Neben dem quantitativen Aspekt zeigt auch die Qualität des Handels ein deutliches Ungleichgewicht. Während Angola hauptsächlich unverarbeitete Rohstoffe wie Eisenerz und agrarische Produkte wie Kaffee lieferte, wurden aus der Bundesrepublik fertige Industrieprodukte wie Fahrzeuge, Maschinen oder chemische Erzeugnisse in das portugiesische Überseegebiet verkauft.[355] Rohwaren wie Eisenerz und Kaffee erzielen generell niedrigere Preise auf dem Weltmarkt. Industrieprodukte und Maschinen hingegen werden teurer gehandelt. Um die Kosten für den Import teurer Industrieprodukte zu kompensieren, musste Angola daher eine ungleich größere Menge an Waren exportieren. Sonst drohte die Gefahr eines Handelsdefizites.

1964 war Westdeutschland nach Portugal, den USA und den Niederlanden bereits der viertwichtigste Käufer angolanischer Produkte. Bei den Lieferungen nach Angola standen die westdeutschen Kaufleute nur hinter ihren Kollegen aus Portugal, Großbritannien und den USA zurück.[356] Im Jahr 1965 hatte die Bundesrepublik die USA als drittwichtigsten Lieferanten Angolas abgelöst und wurde nur noch von Portugal und Großbritannien übertroffen. Bei den Käufen angolanischer Waren

352 Vgl.: PA AA, B 34, Bd. 517, Konsulat Luanda an AA, Betr.: Außenhandelsbericht Angola 1962, 9. Dezember 1963.

353 Vgl.: Ebd. und Afrika-Bericht. Die Afrika Wirtschaft 1962/63 hrsg. v. Afrika-Verein e.V., Hamburg 1963, S. 137–138.

354 Vgl.: Statistisches Bundesamt Wiesbaden: Angola, S. 39, Anm. 2.

355 Vgl.: Ferreira, S. 21.

356 Vgl.: Boletim Geral do Ultramar Jg. XLI, Nr. 482 (1965), S. 180–181.

verzeichnete Westdeutschland nach Portugal, USA und den Niederlanden weiterhin die viertgrößte Menge.[357]

Im Jahr 1967 war die bundesdeutsche Wirtschaft nicht nur der wichtigste Lieferant der portugiesischen Metropole (siehe Abschnitt 5.1) sondern auch Angolas bedeutendster Importeur außerhalb der portugiesischen Escudo-Zone. Der Warenwert westdeutscher Lieferungen hatte sich 1967 mit 183 Mio. DM im Vergleich zum Jahr 1966 (95 Mio. DM) fast verdoppelt. Ein qualitativer Blick auf die verkauften Waren zeigt, dass die Bundesrepublik hauptsächlich Eisenbahnmaterial und Automobile lieferte und damit einen direkten Beitrag zur infrastrukturellen Entwicklung Angolas leistete. Insgesamt war 1967 ein sehr erfolgreiches Jahr für das Investitionsgeschäft mit Angola. Die Importe nahmen um 32,8 % zu, was vor allem auf Investitionsgüter für die Suche und Förderung von Erdöl und Eisenerz zurückzuführen ist.[358]

Der westdeutsche Außenhandel konnte 1968 einen Anteil von 11,23 % an den Gesamtimporten Angolas verzeichnen und wurde nur von Portugal und den USA übertroffen. Als Abnehmer angolanischer Produkte nahm Westdeutschland mit einem Anteil von 5,47 % der Gesamtexporte weiterhin die vierte Stelle hinter Portugal, den USA und den Niederlanden ein.[359] Die stetig wachsenden westdeutschen Exporte nach Angola stiegen auch 1969 um 75 %, was einem Plus im Wert von 68 Mio. DM entsprach.[360]

Während die portugiesische Metropole stets der wichtigste Importeur Angolas blieb, konkurrierte die Bundesrepublik Anfang der 1970er-Jahre mit den USA um den Titel des wichtigsten Lieferlandes, welches nicht Teil der Escudo-Zone war. Lagen die USA 1972 mit 14,6 % am Gesamtimport knapp vor der Bundesrepublik mit 12,2 %, konnte der westdeutsche Außenhandel 1973 dank einer Steigerung der Exporte um 18 % einen Anteil von 13 % am Gesamtimport erzielen und wieder vor den US-Lieferungen landen, welche nur noch 9,5 % betrugen. Die Einkäufe angolanischer Waren durch westdeutsche Kunden betrugen 1972 lediglich 4 % der Gesamtexporte, weswegen die Bundesrepublik die achte Stelle in der Liste der Käuferländer einnahm. Die deutschen Einkäufe setzten sich hauptsächlich aus Eisenerz (40 %), Fischmehl (26,6 %) und Kaffee (15,3 %) zusammen und erfuhren im Folgejahr eine Steigerung von 42 %, was Westdeutschland 1973 zum fünftwichtigsten Abnehmer

[357] Vgl.: Statistisches Bundesamt Wiesbaden: Angola, S. 9.
[358] Vgl.: Afrika-Informationen 1969/1, S. 20.
[359] Vgl.: Afrika-Informationen 1969/7, S. 11.
[360] Vgl.: Afrika-Informationen 1970/3, Sonderbeilage, S. 2.

angolanischer Waren nach den USA, Portugal, Kanada und Japan machte.[361]

Dieser Überblick der deutsch-angolanischen Handlungsbeziehungen zeigt, dass sich der Umfang der gehandelten Waren im Verlauf der 1960er- und frühen 1970er-Jahre stetig steigerte. Die Bedeutung der westdeutschen Industrie als Lieferant der angolanischen Wirtschaft wird nicht nur im Umfang des Warenwertes und dem internationalen Vergleich der Lieferländer deutlich, sondern auch bei einem Blick auf die gelieferten Warengruppen. Bundesdeutsche Unternehmen lieferten in erster Linie Fahrzeuge und Transportmaterial, Maschinen, Stahlprodukte und Werkzeuge, aber auch chemische Produkte und Kunstdünger.[362] Teilweise wurden aus Westdeutschland komplette Industrieanlagen geliefert, wie beispielsweise 1971 eine Fabrik zur Aufbereitung von Salz in die Nähe von Benguela.[363] Der westdeutsche Außenhandel war eine wichtige Hilfe für das angolanische Wirtschaftswachstum und deutsche Maschinen und Werkzeuge bildeten eine Grundlage für die Industrialisierung Angolas und damit die Strategie Lissabons, die Kolonialherrschaft durch wirtschaftliche und infrastrukturelle Entwicklung zu festigen. Da der Warenwert der gelieferten deutschen Produkte ab Mitte der 1960er-Jahre zumeist den der erworbenen angolanischen Erzeugnisse übertraf, ergab sich zudem ein Positivsaldo für den deutschen Außenhandel.[364]

Entgegen den Empfehlungen des AA (siehe Abschnitt 3.3) unterstützte die Bundesregierung die Beteiligung einer ganzen Reihe deutscher Unternehmen an Projekten in den portugiesischen Ultramar-Gebieten und versicherte ihre Exporte durch staatliche Ausfallgarantien, die sogenannten Hermes-Bürgschaften.[365] Neben den Materiallieferun-

[361] Vgl.: PA AA, Zwischenarchiv, Bd. 102 570, Generalkonsulat Luanda an AA, Betr.: Angolanischer Außenhandel Januar bis September 1972, 23. Januar 1973; PA AA, Zwischenarchiv, Bd. 102 570, Generalkonsulat Luanda an AA, Betr.: Angolanischer Außenhandel im Jahr 1973, 20. Mai 1974 und Afrika-Bericht. Die Afrika Wirtschaft 1972/73 hrsg. v. Afrika-Verein e.V., Hamburg 1974, S. 183 sowie Schümer S. 378, Tabelle Nr. 88.

[362] PA AA, Zwischenarchiv, Bd. 102 570, Generalkonsulat Luanda an AA, Betr.: Angolanischer Außenhandel im Jahr 1973, 20. Mai 1974 und Schümer, S. 381.

[363] Vgl.: Afrika-Informationen 1971/13, S. 32.

[364] Vgl. beispielsweise Statistisches Bundesamt Wiesbaden: Angola, S. 7 und Afrika-Bericht. Die Afrika Wirtschaft 1972/73 hrsg. v. Afrika-Verein e.V., Hamburg 1974, S. 183.

[365] Zu Entwicklung und rechtlichem Rahmen der bundesdeutschen Wirtschaftspolitik der Hermes-Ausfallbürgschaften vgl. Weis, Wolfgang: Hermesbürgschaften.

gen von Krupp und anderen deutschen Unternehmen für die Eisenerzminen in Cassinga, welche im folgenden Abschnitt 5.3 behandelt werden, unterstützte Bonn weitere deutsche Firmen bei Geschäften mit Kunden in Angola. So wurde zum Beispiel ein Auftrag der *Otto Wolff AG* aus Köln für die Lieferung von Maschinen für eine Gerberei und Schuhfabrik im Wert von knapp 4 Mio. DM oder die Ausfuhr von Maschinen für 1,9 Mio. DM durch die Firma *Combitex* in Düsseldorf versichert. Dazu kamen die Lieferung von Turbinenteilen der *Voith GmbH* für ein Elektrizitätswerk in Alto Catumbela im Wert von 1,8 Mio. DM und ein Auftrag der *Klöckner-Humboldt-Deutz AG* aus Köln über 78 Mio. DM zur Erweiterung eines Zementwerkes in Lobito.[366] Auch die Beteiligung des Bauunternehmens *Grün & Bilfinger AG* am Ausbau des Hafens von Luanda für 8,5 Mio. DM und eine Lieferung von Fernschreibvermittlungs- und Übertragungseinrichtung von Siemens im Wert von 2 Mio. DM für die Post- und Telegrafenverwaltung in Angolas Hauptstadt wurden durch Exportbürgschaften von der Bundesregierung unterstützt.[367]

Die wirtschaftlichen Beziehungen der Bundesrepublik zu Angola wurden zwar vom Warenaustausch dominiert, doch es gab auch ein paar westdeutsche Firmen, die – durch eigene Filialen oder Tochterunternehmen vertreten – vor Ort in Angola operierten.[368]

Beispielsweise besaßen die drei größten bundesdeutschen Chemiekonzerne *BASF, Bayer* und *Hoechst* jeweils eine Verkaufsniederlassung in Angola. Die Hoechst AG plante, ab 1974 vor Ort Kunstharz zu produzieren und war zu 40 % an einem weiteren örtlichen Chemieunternehmen der *Resiquimica de Angola* beteiligt.[369]

Die *Sociedade Luso-Alemã Lda.* in Luanda und ein ihr angeschlos-

Ein Instrument deutscher Außenpolitik? Eine Fallstudie zum Verhältnis von Außenpolitik und Außenwirtschaftspolitik, Dissertation, München 1990.

366 Vgl.: PA AA, Zwischenarchiv, Bd. 102 570, Konsulat Luanda an AA, Betr.: Deutsche wirtschaftliche Aktivitäten in Angola, 2. Juli 1973.

367 Vgl.: PA AA, B 58, Bd. 449, AA an Konsulat Luanda, Betr.: Bundesbürgschaften für Lieferungen nach Angola, 15. Januar 1963 und PA AA, B 58, Bd. 449, AA an Konsulat Luanda, Betr.: Bundesbürgschaft für Lieferungen nach Angola, 11. Juni 1965.

368 Vgl.: Afrika-Informationen 1969/9, S. 16.

369 Vgl.: Ferreira, S. 37 und PA AA, Zwischenarchiv, Bd. 102 570, Konsulat Luanda an AA, Betr.: Deutsche wirtschaftliche Aktivitäten in Angola, 2. Juli 1973. In den Aufzeichnungen des AA findet sich der Vermerk, dass die Liste der in Angola tätigen deutschen Unternehmen auf den Konsulatsmitarbeitern bekannten Firmen und freiwilligen Selbstauskünften von diesen beruhte. Es ist also davon auszugehen, dass die Liste nicht vollständig ist.

senes Subunternehmen befanden sich im Besitz der deutschen Familie Wünsche. Die Firma hatte 1972 einen Jahresumsatz von circa 14 Mio. DM, produzierte Schalttafeln und elektrische Installationen, war im Import tätig und diente als angolanische Vertretung der deutschen Unternehmen *AEG, Schering* und *Merck.* Die *Sociedade Industrial de Colas* war zu 50 % im Besitz des Deutschen Werner Adam und produzierte mit einer Lizenz der Firma *Henkel* in Luanda Klebstoffe mit einem Jahresumsatz von 1 Mio. DM.[370] Daneben gab es noch kleinere Handels- und Importfirmen mit Jahresumsätzen zwischen 500.000 und 3 Mio. DM sowie eine Gruppe deutscher Plantagenbesitzer, deren Familien teilweise seit der Besetzung der deutschen Kolonie Südwestafrika durch Südafrika während des Ersten Weltkrieges in Angola lebten.[371]

Im November 1972 berichtete das Konsulat Luanda, dass auf der vierten internationalen Messe in Angolas Hauptstadt 42 westdeutsche Firmen ihre Produkte vorstellten und um Aufträge warben. Im Jahr zuvor hatten sich sogar 78 deutsche Unternehmen an der Messe beteiligt. Welche der Firmen auch vor Ort ansässig waren, lässt sich der Quelle nicht entnehmen, es zeigt aber ein deutliches Interesse der deutschen Wirtschaft an Geschäften mit der portugiesischen Kolonie.[372]

Um Investitionen anzulocken, bot die portugiesische Verwaltung ausländischen Unternehmen in Angola Sonderkonditionen und ab Ende der 1960er-Jahre sogar Steuerbefreiungen über gewisse Zeiträume.[373] Da das erhöhte Steueraufkommen, welches den portugiesischen Haushalt stützen und die Kosten für die Militäreinsätze kompensieren sollte, in der ersten Hälfte der 1960er-Jahre hinter den Erwartungen zurückblieb, wurde ab 1963 eine »Sondersteuer für die militärische Verteidigung Angolas« erhoben. Unternehmen, die einen Reingewinn von mehr als 500.000 Escudos zu verzeichnen hatten, wurden diesem Gesetz zufolge mit Steuersätzen zwischen 4 und 30 % belegt.[374] Diese Maßnahme der portugiesischen Regierung zeigt in aller Deutlichkeit, dass die Wirtschaft Angolas der Finanzierung des Krieges gegen die

370 Vgl.: Ebd.

371 Vgl.: Ebd., Ferreira, S. 35 und 38 sowie ein Artikel über den deutschen Pflanzer Kai von Ahlefeldt, »Afrika: Auf zehn Jahre vorausdenken!«, in: DIE ZEIT Nr. 42 vom 20. Oktober 1955 und Hallbauer, S. 249.

372 Vgl.: PA AA, B 34, Bd. 858, Konsulat Luanda an AA, Betr.: IV: Internationale Messe Luanda – FILDA, vom 3. November 1972.

373 Vgl.: Afrika-Informationen 1969/1, S. 20 und El-Khawas, S. 27.

374 Vgl.: PA AA, B 34, Bd. 274, Konsulat Luanda an AA, Betr.: Sondersteuer für militärische Verteidigung Angolas, 1. Februar 1965 und PA AA, B 58, Bd. 449, Anlage zum Bericht des Konsulates Luanda Nr. 172, 23. Juni 1966, S. 15.

afrikanischen Befreiungsbewegungen diente. Welche der in Angola tätigen deutschen Unternehmen aufgrund des erwirtschafteten Gewinns auch diese Sonderabgabe zu entrichten hatten, ließ sich aus den Akten des AA leider nicht entnehmen. Da die Jahresumsätze der deutschen Firmen zwischen umgerechnet 5 und 132 Mio. Escudos lagen,[375] ist aber durchaus davon auszugehen, dass auch hier bei einigen die militärische Sondersteuer fällig wurde. Deutsche Unternehmen in Angola finanzierten Lissabons Krieg, wenn auch in geringerem Maße als andere. Zeitgenössischen Beobachtern zufolge zahlte beispielsweise die US-amerikanische Gulf Oil Company, eines der größten ausländischen Unternehmen in Angola, im Jahr 1972 61 Mio. US-Dollar Steuern und Abgaben an die portugiesische Verwaltung Angolas, was 15 % des jährlichen Gesamteinkommens Angolas entsprach. Wie die Gulf Oil Company soll diesem Autor zufolge auch das westdeutsche Unternehmen Krupp eine spezielle Verteidigungsabgabe direkt an das portugiesische Militär gezahlt haben.[376] Die Geschäfte der Firma Krupp mit den Eisenerzminen in Cassinga werden im nächsten Abschnitt näher untersucht.

5.3 Krupp und die Eisenerzminen von Cassinga

Neben Diamanten und Erdöl verfügte Angola auch über reiche Eisenerzvorkommen. Der Abbau der in den angolanischen Provinzen Huambo und Huíla lagernden Bodenschätze wurde ab Mitte der 1950er-Jahre verstärkt betrieben. Ab Ende des Jahrzehnts bezog auch der Stahlkonzern Krupp (Essen) Eisenerz aus Südangola. Herbert Schaffarczyk, der deutsche Botschafter in Portugal, berichtete nach einer Dienstreise durch Angola Mitte 1960, dass Krupp der alleinige Abnehmer der jährlichen Produktion von circa 290.000 t der Eisenerzmine *Coima* nahe Nova Lisboa sei. Die portugiesische Gesellschaft, welche die Konzession für die Mine besitze, so Schaffarczyk weiter, besitze eine weitere für Eisenerzvorkommen in Cassinga.[377]

375 PA AA, Zwischenarchiv, Bd. 102 570, Konsulat Luanda an AA, Betr.: Deutsche wirtschaftliche Aktivitäten in Angola, 2. Juli 1973.

376 Vgl.: El-Khawas, S. 26.

377 Vgl.: Ferreira, S. 40 und PA AA, B 26, Bd. 111, Botschafter Schaffarczyk (Lissabon), Betr.: Dienstreise nach Angola, 15. Juli 1960. Für einen ähnlichen Zeitraum verzeichnete das BMWi Eisenerzimporte aus Portugals Überseegebieten in die Bundesrepublik in Höhe von 600.000 t. Die Abnehmer des Erzes in Deutsch-

Bereits seit 1958 führte Krupp Verhandlungen mit den beiden portugiesischen Unternehmen, die die nötigen Konzessionen für den Eisenerzabbau in Südangola besaßen, der *Companhia Mineira do Lobito (CML)* und der *Sociedade Mineira do Lominge* (SML). Bisher konnten die Erzvorkommen nur in geringeren Mengen ausgebeutet werden, da den portugiesischen Unternehmen das Kapital fehlte, um moderne Gerätschaften anzuschaffen und einen effizienteren Abtransport der Erze aus den abgelegenen Minen einzurichten. Im März 1961 unterzeichneten Krupp, die CML und die SML einen Generalvertrag, in dem Krupp sich verpflichtete, moderne Bergbaugeräte zu liefern sowie eine Eisenbahnanbindung und einen Verladeterminal im nächsten Hafen in Moçâmedes (heute Namibe) zu bauen. Krupp wiederum sicherte sich die finanzielle Deckung eines Teils des Auftrages durch die *Westfalenbank AG* (Bochum) und die *Dresdner Bank* (Frankfurt am Main). Mitte der 1960er-Jahre bezifferte Krupp das gesamte Lieferungs- und Leistungsvolumen deutscher Unternehmen für das Cassinga-Projekt mit rund 122 Mio. DM.[378]

Krupp versuchte schon vor dem endgültigen Abschluss des Vertrages mit den portugiesischen Gesellschaften, staatliche Ausfallbürgschaften von der Bundesregierung für mögliche Lieferungen nach Angola zu erhalten. Im Oktober 1960 gab der für die Hermes-Bürgschaften zuständige Ausschuss, der aus mehreren Bundesministern bestand, seine Zustimmung für eine Garantie über 40 Mio. DM. Die notwendige Zustimmung des BMWi erfolgte im November 1960. Am 21. März 1961 beschäftigte sich der Ausschuss mit einem Antrag Krupps, die Garantien um weitere 30 Mio. auf 70 Mio. DM zu erhöhen. Da der kurz zuvor geschlossene Vertrag mit den portugiesischen Gesellschaften eine Klausel enthielt, die eine Bürgschaft der portugiesischen Regierung für die Tilgung von Schulden beinhaltete, wurde Krupps Antrag abgelehnt. Für die Essener Stahlproduzenten sollte es aber noch schlimmer kommen. Wegen des Kriegsausbruchs und der undurchsichtigen Situation in Angola kamen Zweifel in der Bundesregierung auf, ob ein solches Projekt in den portugiesischen

land bleiben aber unklar und die genaue Herkunft ebenfalls. Neben Angola gab es auch bedeutende Eisenerzminen in Portugals indischer Kolonie Goa, vgl. PA AA, B 26, Bd. 114, BMWi Runderlass Außenwirtschaft Nr. 40/59 vom 30. Juni 1960: Betr.: PORTUGAL, Protokoll über den deutsch-portugiesischen Warenverkehr für die Zeit vom 1. April 1959 bis zum 31. März 1960.

378 Vgl.: PA AA, B 58, Bd. 449, Brief des Krupp Büros Cassingas vom 22. März 1967 und Fonseca, S. 196–198.

Überseegebieten offizielle Unterstützung durch die Bundesregierung erfahren sollte. Aus Furcht vor negativer Presse und einem Imageschaden für Westdeutschland bei den »afro-asiatischen« Staaten hob der Hermes-Ausschuss daher intern die Ende 1960 gegebenen Zusagen wieder auf.[379]

Die Krupp-Vertreter begannen daraufhin, alle Verbindungen in Bonn zu nutzen, um diese Entscheidung wieder rückgängig zu machen und das lukrative Geschäft nicht platzen zu lassen. Bundeswirtschaftsminister Erhard beispielsweise konnten die Essener den Kommentar abgewinnen, dass er sich »energisch« für eine positive Entscheidung des Hermes-Ausschusses einsetzen wolle.[380] Auch Stimmen im AA sprachen sich dafür aus, das Geschäft durch eine staatliche Garantieerklärung zu retten und gemachte Vereinbarungen einzuhalten. Der Schaden für das deutsch-portugiesische Verhältnis, so die Argumentation, sei ein größerer als der für die Beziehung der Bundesrepublik zu den afrikanischen Staaten, da das Geschäft bereits vor Ausbruch der Gewalt und entsprechender internationaler Kritik geschlossen worden sei.[381] Krupp erhöhte im Sommer 1961 den Druck auf Bonn, als man bekannt gab, US-amerikanische, dänische, britische und französische Konkurrenzfirmen seien ebenfalls an dem Auftrag interessiert und im Fall der britischen und französischen Unternehmen seien staatliche Garantieerklärungen sicher. Darüber hinaus betonten die Essener, dass man keine Investitionen im eigentlichen Sinn tätige, da man sich nicht am Abbau der Erze beteilige, sondern nur die Maschinen liefere. Die Kritik, deutsche Unternehmen beuteten Angola aus, sei daher ungerechtfertigt.[382]

Einige Beamte im AA blieben skeptisch und betonten, dass es angesichts der zu erwartenden Folgen für das Ansehen der Bundesrepublik bei den »afro-asiatischen« Staaten nicht zu verantworten sei, das Krupp-Geschäft durch staatliche Garantieerklärungen zu unterstützen.[383] In der zweiten Jahreshälfte 1961 schienen die Vertreter dieses

[379] Vgl.: PA AA, B 26, Bd. 192, Aufzeichnungen, Betr.: Bundesbürgschaft für das Lobito-Projekt der Firma Krupp in Angola, 3. Juli 1961.

[380] Vgl.: PA AA, B 26, Bd. 192, Vermerk Harkot, Betr.: Krupp-Geschäft Lobito (Angola), o. Dat.

[381] Vgl.: PA AA, B 26, Bd. 192, Aufzeichnung Harkot, Betr.: Krupp's Lobito-Projekt, Angola, 21. Juni 1961.

[382] Vgl.: PA AA, B 26, Bd. 192, Aufzeichnungen Dr. Haas, Betr.: Bundesbürgschaft für das Lobito-Projekt der Fa. Krupp, 14. Juli 1961.

[383] Vgl.: PA AA, B 26, Bd. 192, Aufzeichnungen von Marchtaler, Betr.: Bundesbürgschaft für das Lobito-Projekt der Fa. Krupp, 28. Juli 1961.

Standpunktes jedoch an Boden zu verlieren. Krupps Lobbyarbeit, der Druck aus dem BMWi und die schwindende internationale Aufmerksamkeit für die Geschehnisse in Angola führten Ende des Jahres dazu, dass das Bundeskabinett seine Zustimmung für eine Hermes-Bürgschaft in Höhe von 40 Mio. DM für Krupps Lieferungen nach Angola erteilte.[384]

Diese Entscheidung dürfte ganz im Sinne der portugiesischen Regierung gewesen sein, welche ebenfalls im Rahmen eines Entwicklungsplans für die Überseegebiete Mittel für die Förderung der Bergbauindustrie reservierte. An den Vorbereitungen des Projektes beteiligten sich neben Ingenieuren und Technikern aus Portugal und Westdeutschland auch Experten aus den USA, Großbritannien, Frankreich und Kanada.[385]

Zur Realisierung des Auftrages gründete Krupp ein Konsortium mit der dänischen Baufirma *Højgaard & Schultz* und deren portugiesischem Tochterunternehmen *Sociedade de Empreitadas e Trabalhos Hidráulicos Lda.* (SETH). 1964 schloss das Konsortium wie geplant einen Vertrag mit der CML und der SML für den Bau von Förderungsanlagen in Cassinga, einer Eisenbahnstrecke zur Küste und eines Erzverladeterminals. Im Juli 1965 begann ein internationales Team aus Technikern bereits mit dem Bau des neuen Erzhafens in der Nähe von Moçâmedes.[386]

Aufgrund der Quellenlage und da Krupp verschiedene deutsche Unternehmen mit ins Boot holte, ist es schwierig abzuschätzen, wie groß der Umfang deutscher Lieferungen für die Bau- und Infrastrukturmaßnahmen in Cassinga und Moçâmedes tatsächlich war. Während Krupp 1967 rund 122 Mio. DM schätzte, bezifferten die Portugiesen die bundesdeutsche Beteiligung im gleichen Jahr mit ungefähr 182 Mio. DM.[387]

[384] Vgl.: PA AA, B 26, Bd. 113, Abteilung 4 Hauethal, Aufzeichnungen, Betr.: Deutsch-portugiesische Wirtschaftsbeziehungen; Angola Problem, 14. Dezember 1961.

[385] Vgl.: Afrika-Bericht. Die Afrika Wirtschaft 1963/64, hrsg. v. Afrika-Verein e.V., Hamburg 1964, S. 121 und Teixeira, Fernando: A História do Ferro de Cassinga, S. 20, in: Boletim Geral do Ultramar, Jg. XLIII, Nr. 507 (1967), S. 15–35.

[386] Vgl.: Boletim Geral do Ultramar, Jg. XL, Nr. 465–466 (1964), S. 130–131 und Boletim Geral do Ultramar Jg. XLI, Nr. 481 (1965), S. 155–157 sowie Schümer, S. 58–59.

[387] Vgl.: PA AA, B 58, Bd. 449, Brief des Krupp Büro Cassinga vom 22. März 1967 und Teixeira, Fernando, S. 22. Teixeira gibt 1 Mrd. 300 Mio. Escudos an, was nach zeitgenössischem Wechselkurs ungefähr 182 Mio. DM entsprach.

Anhand der Hermes-Exportbürgschaften lassen sich zumindest Teile der Krupp-Lieferungen nach Angola erfassen sowie weitere westdeutsche Unternehmen und der Umfang ihrer Beteiligung am Cassinga-Projekt identifizieren.

Von den über 60 Lokomotiven und circa 1000 Waggons für die Eisenbahnverbindung von den Erzminen zum Verladehafen stammten 24 dieselhydraulische Loks im Wert von 23,3 Mio. DM und 130 Erztransportwagen für 5,4 Mio. DM von Krupp. Die *O & K Exporthandelsgesellschaft mbH* steuerte weitere 160 Erztransportwagen und acht andere Begleitwaggons für 8,3 Mio. DM bei.[388] Krupp lieferte auch 22.288 t Schienen und Weichen im Wert von 14,3 Mio. DM sowie Stahlbauteile für Verwaltungsgebäude in Luanda. Zusammen mit der österreichischen Firma *Waagner-Biro* (Wien) wurden für die Minen in Cassinga eine Erzlagerplatzausrüstung im Wert von 20 Mio. DM sowie eine Anlage zum Waschen, Sieben und Verladen des Erzes für 20,6 Mio. DM bereitgestellt.[389] Die von Krupp für den Hafen gefertigte Verladeeinrichtung und weitere Maschinen wurden 1961 auf einen Wert von 6 Mio. DM geschätzt.[390]

Weitere Lieferungen und Leistungen deutscher Firmen im Gesamtwert von ungefähr 30 Mio. DM kamen von der *FK Maschinenfabrik Essen* (4,5 Mio. DM), *MAN* (3,5 Mio. DM), der *Maschinenfabrik Rheinhausen* (19,5 Mio. DM), Siemens (0,7 Mio. DM) und *Ferrostahl Essen* (1,9 Mio. DM).[391]

Der Gesamtwert der Aufträge westdeutscher Unternehmen für das Cassinga-Projekt, die Mitte der 1960er-Jahre mit Hermes-Garantien

388 Vgl.: Teixeira, Fernando, S. 22–24 und PA AA, B 58, Bd. 449, AA an Konsulat Luanda, Betr.: Bundesbürgschaften für Lieferungen nach Angola, 15. Januar 1963; PA AA, B 58, Bd. 449, AA an Konsulat Luanda, Betr.: Bundesbürgschaft für Lieferungen nach Angola, 31. August 1965; PA AA, B 58, Bd. 449, AA an Konsulat Luanda, Betr.: Bundesbürgschaft für Lieferungen nach Angola, 12. Oktober 1965 und PA AA, B 58, Bd. 449, Brief von Hermes an Fried. Krupp Cassinga Büro, 8. März 1967.

389 Vgl.: PA AA, B 58, Bd. 449, AA an Botschaft Luanda, Betr.: Ausfuhrbürgschaften und -garantien, 22. März 1963; PA AA, B 58, Bd. 449, AA an Konsulat Luanda, Betr.: Bundesbürgschaft für Lieferungen nach Angola, 9. August 1965; PA AA, B 58, Bd. 449, AA an Konsulat Luanda, Betr.: Bundesbürgschaft für Lieferungen nach Angola, 8. Oktober 1965 und PA AA, B 58, Bd. 449, AA an Konsulat Luanda, Betr.: Bundesbürgschaft für Lieferungen nach Angola, 16. Februar 1965.

390 Vgl.: Teixeira, Fernando, S. 33 und PA AA, B 26, Bd. 192, Fernschreiben von Krupp an AA, 13. Juni 1961.

391 Vgl.: PA AA, B 58, Bd. 449, Brief von Hermes an Fried. Krupp Cassinga Büro, 8. März 1967.

der Bundesregierung versehen wurden, belief sich damit auf circa 128 Mio. DM. Da es möglich ist, dass auch Lieferungen erfolgten, die nicht durch eine staatliche Ausfallgarantie abgesichert waren, erscheint eine Verortung des Gesamtvolumens der Beteiligung deutscher Unternehmen irgendwo zwischen den von Krupp geschätzten 122 Mio. und den von der portugiesischen Presse angegebenen 180 Mio. DM realistisch.

Im November 1965 besuchte der Konzernchef Alfried Krupp von Bohlen und Halbach persönlich Angola und informierte sich über den Stand der Bauarbeiten. Er wurde von seinen portugiesischen Partnern auf der Reise begleitet und betonte erneut, dass man in Angola nicht unmittelbar, sondern über die portugiesischen Gesellschaften – die SML und CML – engagiert sei. Der Bericht des deutschen Konsulats in Angola unterstrich noch einmal, die Eisenerzproduktion sei eines der größten wirtschaftlichen Unternehmen in Angola überhaupt und für das Land »von elementarer Bedeutung«.[392]

Der Umfang des Eisenerzabbaus und damit die Bedeutung für die angolanische Wirtschaft werden an den Fördermengen deutlich. Während 1957 nur 107.000 t gefördert und exportiert wurden, wurde nach den Modernisierungsarbeiten zehn Jahre später erstmals die Marke von 1 Mio. t geknackt. Ab 1971 wurden jährlich bereits 6 Mio. t exportiert. Die Companhia Mineira do Lobito war 1972 für 94 % der Gesamtproduktion und 95,2 % aller Exporte von Eisenerz in Angola verantwortlich. Die wichtigsten Abnehmerländer waren Japan, das Anfang der 1970er-Jahre ungefähr die Hälfte der Eisenerze erhielt, Westdeutschland, Großbritannien sowie Frankreich und Kanada.[393]

Die CML und die SML fusionierten 1968 zu einem Unternehmen und arbeiteten unter dem Namen der Companhia Mineira do Lobito weiter, die nun zu 90 % dem portugiesischen Staat und zu 10 % der einflussreichen portugiesischen Familie de Sousa Machado gehörte, aus deren Reihen auch der Gründer der ursprünglichen, 1929 ins Leben gerufenen CML stammte.[394] Der Hintergrund dieser Unternehmensumstrukturierung war der Bankrott der de Sousa Machados. Die Familie besaß zwar seit Jahrzehnten das Land, auf dem die reichen Eisen-

392 PA AA, B 34, Bd. 602, Konsulat Luanda an AA, Betr.: Besuch Alfried Krupps von Bohlen und Halbach in Angola, 22. November 1965.

393 Vgl.: Afrika-Informationen 1970/8, S. 14 und 1971/4, S. 11; Afrika-Bericht. Die Afrika Wirtschaft 1973/74, hrsg. v. Afrika-Verein e.V., Hamburg 1974, S. 116 und Schümer S. 56.

394 Vgl.: Schümer, S. 58–59.

erzvorkommen lagerten und hatte eine Konzession zum Abbau, doch fehlte es an Kapital, um die Bodenschätze effizient zu erschließen. Daher strebten die Portugiesen Anfang der 1960er-Jahre im Zuge der Wirtschaftsliberalisierung die Kooperation mit der deutschen Firma Krupp an, welche den Bau der Abbau- und Verladeanlagen und der Eisenbahnverbindung finanzierte. Die Rechnung der de Sousa Machados ging jedoch nicht auf und mit ihrer Pleite im Jahr 1968 mussten die Verwaltung Angolas und die portugiesische Regierung einspringen, die den Besitz der Eisenerzminen und der Aktienmehrheit in der Bergbaugesellschaft übernahmen und mittels neuer Kredite versuchten, das Unternehmen am Laufen zu halten.[395]

Anfang 1969 erhielt die Companhia Mineira do Lobito »unter maßgeblicher deutscher Beteiligung ein Darlehen von 80 Mio. DM«.[396] Laut der portugiesischen Presse seien dabei die *Deutsche Unionbank* (Frankfurt am Main) und die *Hamburgische Landesbank* (Hamburg) federführend tätig gewesen.[397] 1971 folgten Meldungen, dass die CML nur auf Basis ständiger ausländischer Investitionen aufrechterhalten werden könne und einen weiteren Kredit über 9 Mio. US-Dollar vom portugiesischen Staat erhalten habe. Das größte Problem, das einen wirtschaftlichen Betrieb des Unternehmens verhinderte, seien die hohen Transportkosten, die 40 % des Erzpreises ausmachten. Im Frühjahr 1975 waren die Lagerstätten mit hohem Erzgehalt erschöpft und im Juni häuften sich die Meldungen über einen Bankrott der CML. Zwei Monate später wurde die Arbeit eingestellt. Die überhastete Unabhängigkeit Angolas rettete die portugiesische Regierung davor, weitere Kosten des bankrotten Unternehmens zu tragen, welches heimlich aufgelöst wurde. Die von Krupp errichteten Förderanlagen wurden derweil Ende 1975 bei Kämpfen zwischen UNITA und MPLA in Südangola teilweise zerstört.[398]

Die Geschichte der Companhia Mineira do Lobito zeigt, dass anders als von vielen zeitgenössischen Kritikern behauptet, die Minen von Cassinga nicht Krupp »gehörten«, sondern im Besitz der Familie de Sousa Machado beziehungsweise der CML waren und 1968 verstaatlicht wurden. Die Behauptungen, dass Krupp einen Werkschutz aus

[395] Vgl.: Clarence-Smith, S. 210.

[396] Afrika-Informationen 1969/2, S. 19.

[397] Vgl.: PA AA, B 58, Bd. 449, Botschaft Lissabon an AA, Betr.: Pressenotiz (vom 21.1.69) über intern. Kredit an Companhia Mineira do Lobito (Angola), 28. Januar 1969.

[398] Vgl.: Schümer, S. 61–62 und Clarence-Smith, S. 210.

weißen Söldnern beschäftige, der einen Kleinkrieg gegen die Befreiungsbewegungen führe,[399] oder dass die Essener ähnlich der Gulf Oil Company eine militärische Sondersteuer zahlten,[400] erscheinen unrealistisch, da Krupp weder als Anteilseigner der CML auftrat noch als Unternehmen in Angola tätig war. Das wiederum bedeutet nicht, dass nicht vielleicht die CML eine Privatarmee aus Söldnern beschäftigte und die entsprechenden Sonderabgaben an den portugiesischen Staat zahlte.

Bei diesem Blick auf das Verhältnis zwischen Krupp und den portugiesischen Bergbaugesellschaften stellt sich auch heraus, dass die Argumentation der Krupp-Vertreter in Bonn 1961, der Konzern liefere nur die Maschinerie und beteilige sich nicht an der Ausbeutung der Bodenschätze Angolas, nicht ganz zutrifft. Zwar investierte Krupp nicht im eigentlichen Sinne, da man keine Anteile an den Betreiber-Gesellschaften der Mine erwarb, aber die Lieferung der Gerätschaften und die geleisteten Bauprojekte wurden dem Essener Stahlkonzern mit angolanischen Eisenerzlieferungen vergütet. Wie die portugiesische Presse Ende der 1960er-Jahre berichtete, war vertraglich geregelt, dass die von Krupp getätigten Investitionen für die Bergbaumaschinen, für den Bau der Eisenbahnstrecke und des Erzhafens in Moçâmedes über eine Laufzeit von sieben Jahren in Form von Eisenerz aus Cassinga zurückerstattet werden sollten. Nach Ablauf der Rückzahlfrist hatte Krupp wie die anderen Abnehmer für Erzlieferungen mit Devisen zu bezahlen.[401] Die Tatsache, dass Eisenerz eines der Hauptexportgüter Angolas in die Bundesrepublik darstellte,[402] unterstreicht noch einmal, dass sich der deutsche Stahlkonzern Krupp durch den Aufbau einer modernen Bergbauindustrie und die Abnahme der geförderten Bodenschätze sehr wohl an der Ausbeutung der angolanischen Ressourcen beteiligte.

399 Vgl.: Sitte, Fritz: Flammenherd Angola, Wien 1972, S. 123.

400 Vgl.: El-Khawas, S. 26.

401 Vgl.: PA AA, B 26, Bd. 192, Aufzeichnungen Dr. Haas, Betr.: Bundesbürgschaft für das Lobito-Projekt der Fa. Krupp, 14, Juli 1961 und Teixeira, Fernando, S. 22.

402 Im Zeitraum Januar bis September 1972 beispielsweise machte Eisenerz 40 % der Gesamtexporte Angolas in die Bundesrepublik Deutschland aus, vgl. PA AA, Zwischenarchiv, Bd. 102 570, Generalkonsulat Luanda an AA, Betr.: Angolanischer Außenhandel Januar bis September 1972, 23. Januar 1973.

5.4 Die Staudammprojekte Cunene in Angola und Cabora Bassa in Moçambique

Zwei der wichtigsten Vorhaben zum Ausbau der Infrastruktur und Förderung der Wirtschaft, die Lissabon in den afrikanischen Kolonien vorantrieb, waren die Staudammprojekte vom Cunene River in Angola und Cabora Bassa in Moçambique, deren Realisierung für die portugiesische Kolonialverwaltung ohne ausländische Investitionen und den Import von Technologie nicht möglich gewesen wäre.[403]

Mit der Öffnung der portugiesischen Kolonien für ausländische Investitionen ergab sich auch für die wirtschaftliche Hegemonialmacht Südafrika in den 1960er-Jahren die Möglichkeit, in den nördlichen Nachbargebieten verstärkt aktiv zu werden und den eigenen Einfluss zu verstärken. Ähnlich wie Lissabon hatte auch Pretoria Interesse, die Infrastruktur und Wirtschaft des besetzten Namibia auszubauen, um die international nicht anerkannte südafrikanische Herrschaft über die ehemalige deutsche Kolonie zu verfestigen. 1964 erfolgte der Abschluss eines Vorvertrages über ein Staudammprojekt am Fluss Cunene, der zu einem Teil die Grenze zwischen Namibia und Angola bildet.[404] 1969 unterzeichneten Lissabon und Pretoria einen Vertrag über die erste Phase des Cunene-Projektes, das die Errichtung eines Staudamms und mehrere Bewässerungsprojekte umfasste.[405] Der Plan sah neben dem Bau eines Wasserkraftwerkes zur Elektrizitätserzeugung vor, auch die Bewässerung und landwirtschaftliche Urbarmachung von Gebieten in Namibia und Südangola zu ermöglichen. Des Weiteren hofften Südafrika und die portugiesische Kolonialverwaltung, den erzeugten Strom und das gestaute Wasser für die angrenzenden Bergbauindustrien im Norden Namibias und Südangola zu nutzen. Die Eisenerzminen in Cassinga wären beispielsweise ein potenzieller Abnehmer gewesen. Um die »weiße« Präsenz in der Kolonie zu verstärken, wurden in Lissabon auch Pläne entworfen, im großen Stil Europäer in den landwirtschaftlich neu zu erschließenden Gebieten anzusiedeln.[406]

Neben Finanzmitteln der südafrikanischen Regierung erhielt die mit der Realisierung des Projektes betraute südafrikanische Firma *Electricity Supply Commission* (ESCOM) 1969 einen Kredit über

403 Vgl.: El-Khawas, S. 26.
404 Vgl.: Schümer, S. 304.
405 Vgl.: Afrika-Informationen aus Wirtschaft, Politik und Recht – Mitgliederschreiben des Afrika-Verein e.V., Hamburg, Jg. 1969/2, S. 18 und Schümer, S. 305.
406 Vgl.: Schümer, S. 305–306 und Lopes, S. 74.

20 Mio. Rand, was ungefähr 113 Mio. DM entsprach. Dieser wurde von einem Bankenkonsortium bereitgestellt, an dem unter der Leitung der Dresdner Bank folgende weitere europäische Geldhäuser beteiligt waren: *Crédit Commercial de France* (Paris), *Crédit Banque SA de Luxembourg* (Luxemburg), *Special Algemene Bank* (Amsterdam), *Berliner Handelsgesellschaft* (Frankfurt am Main), *Deutsche Bank* (Frankfurt am Main) und *Hill Samuel & Co* (London). 1971 folgte ein weiterer Kredit über 19,5 Mio. Rand (100 Mio. DM), dieses Mal von einem Konsortium unter Führung der *Commerzbank* (Frankfurt am Main) und mit Beteiligung der Dresdner Bank, *Kredietbank Luxembourgeoise SA* (Luxemburg), *Crédit Lyonnais* (Paris) und Crédit Commercial de France.[407]

Mit der Fertigstellung des Gove-Damms am Oberlauf des Cunene nahe Nova Lisboa wurde 1973 die erste Stufe des Projektes abgeschlossen. Der Bau eines Kraftwerkes in Ruacana (Namibia) und des Calueque-Damms (Angola) hingegen waren zum Ende der portugiesischen Herrschaft in Angola Mitte der 1970er-Jahre noch nicht abgeschlossen.[408] Durch den Gove-Damm konnten 20.000 Hektar Agrarland zwischen Quiteve und Humbe in Südangola bewässert werden. Die portugiesischen Pläne für die Erschließung weiterer 150.000 Hektar zur Nutzung für die Viehwirtschaft und für die Ansiedlung von bis zu 500.000 Europäern wurden nicht mehr realisiert. Bereits zeitgenössische Beobachter bezweifelten die Umsetzbarkeit der ehrgeizigen Vorhaben Lissabons und Luandas.[409] Dem 1969 geschlossenen Vertrag zufolge sollte das Cunene-Projekt zu gleichen Teilen von Portugal und Südafrika finanziert werden. Da Portugal nicht in der Lage war, die entsprechenden Finanzmittel zu mobilisieren, wurden die Kosten für den Bau von Südafrika getragen, das sich im Gegenzug die Kontrolle über das Projekt zusichern ließ und damit seinen wirtschaftlichen und politischen Einfluss in Angola beträchtlich steigern konnte.[410] Auffällig ist die Finanzierung des Projektes durch Kredite europäischer Bankkonsortien unter der Führung westdeutscher Geldinstitute. Damit beteiligten sich Banken aus der Bundesrepublik an einem Infrastrukturprojekt, das nicht nur die illegale Besetzung Namibias durch das südafrikanische Apartheidregime festigen sollte, sondern auch

[407] Vgl.: Ferreira, S. 36.
[408] Vgl.: Schümer, S. 307–309.
[409] Vgl.: Ebd., S. 309–310.
[410] Vgl.: Ebd., S. 316 und El-Kawhas, S. 26.

der Konsolidierung der portugiesischen Kolonialherrschaft in Angola diente.

Ein ähnliches Projekt, das jedoch in deutlich größerem Maßstab geplant wurde und dementsprechend umfassendere internationale Aufmerksamkeit fand, war der Cabora-Bassa-Staudamm (heute Cahora Bassa) im Nordwesten Moçambiques. Erste Pläne für den Bau eines Staudamms am Oberlauf des Sambesi, dem viertgrößten Fluss Afrikas, gab es in der portugiesischen Kolonialverwaltung bereits gegen Ende der 1950er-Jahre. Angesichts des Ausbruchs des Kolonialkrieges – die FRELIMO begann 1964 mit dem bewaffneten Befreiungskampf in Moçambique – wurden die gigantischen Infrastrukturpläne, die den vermeintlichen Fortschritt in die entlegenen Ecken der »Überseeprovinzen« bringen sollten, Mitte der 1960er-Jahre an die Spitze der portugiesischen Agenda gesetzt. Dieser Staudamm sollte ebenfalls der Elektrizitätsgewinnung dienen und die Grundlage für die großflächige Ansiedlung von Europäern bilden.[411]

In Lissabon plante man, durch die Bewässerung von 1,5 Mio. Hektar Land bis zu 500.000 Europäer in Moçambiques nordwestlicher Tete-Provinz anzusiedeln. Durch die Schaffung einer Pufferzone aus europäischen Siedlern und der natürlichen physischen Barriere durch den gewaltigen Stausee sollte der Vormarsch der FRELIMO-Kämpfer aus ihren Stützpunkten in Sambia und Malawi in das bevölkerungsreiche Zentrum Moçambiques verhindert werden.[412]

Um das gigantische Projekt umzusetzen, suchte Portugal abermals Unterstützung beim mächtigen südlichen Nachbarn Südafrika. Pretoria hatte großes Interesse, die portugiesische Herrschaft in Moçambique zu stützen, um sich so gegen die unabhängigen Staaten Afrikas abzuschirmen. Die Propaganda des Apartheidregimes betrachtete die »schwarzen« Staaten und die vermeintliche Ausbreitung des Kommunismus als »black onslaught«, einen Angriff, der direkt auf die christlichen Werte und die »weiße« Zivilisation im südlichen Afrika zielte. Darüber hinaus gab es in Moçambique nicht genügend Abnehmer für den in Cabora Bassa produzierten Strom, weswegen 82 % der

[411] Vgl.: Isaacman, Allen F.; Isaacman, Barbara S.: Dams, Displacement, and the Delusion of Development, Athens (Ohio) 2013, S. 1–3 und S. 58–59. Siehe auch hier für detaillierte Informationen zu den sozialen und ökologischen Folgen des Dammbaus sowie die Entwicklung nach 1975.

[412] Vgl.: Ebd., S. 61–62.

Elektrizität nach Südafrika exportiert werden sollten, um der dortigen Bergbauindustrie als günstige Energiequelle zu dienen.[413]

Infolge einer internationalen Ausschreibung bewarben sich verschiedene Konsortien für die Realisierung des gewaltigen Projektes. Nach mehrjährigen Verhandlungen unterzeichnete der portugiesische Ministerrat im September 1969 einen Vertrag mit dem ZAMCO-Konsortium. Dieser Zusammenschluss von insgesamt 17 Firmen wurde von französischen und bundesdeutschen Unternehmen dominiert. Des Weiteren beteiligten sich unter anderem wieder ESCOM aus Südafrika sowie Firmen aus Italien, Schweden, der Schweiz und Portugal. Von deutscher Seite waren Konzerne wie Siemens, AEG-Telefunken, Voith Heidenheim und die *Hoch-Tief AG* vertreten.[414]

1970 begann der Bau unter einem sehr strikten Zeitplan und 1973 waren etwa 150 ausländische Techniker aus 14 Ländern an der Baustelle beschäftigt. Die afrikanischen Arbeiter schufteten unter menschenunwürdigen Verhältnissen, die von Knebelverträgen und Misshandlungen geprägt waren, während deutsche Ingenieure mit der Installation der riesigen Turbinen für das Wasserkraftwerk betraut wurden. Ende 1974 wurde der Bau der Staumauer fertiggestellt und das Aufstauen des Sambesi begann mit einer pompösen Zeremonie am 6. Dezember 1974.[415]

Neben den bereits erwähnten staatlichen Ausfallversicherungen für Lieferungen deutscher Unternehmen nach Angola und Krupps Engagement in den Cassinga-Minen wurden auch die deutschen Firmen, die sich am Cabora-Bassa-Projekt beteiligten, von der Bundesregierung mit Hermes-Bürgschaften versichert, was zu einem heiklen Thema in der bundesdeutschen Öffentlichkeit wurde.

Bereits im Januar 1967 hatte Bundeskanzler Kiesinger erklärt, die Bundesregierung werde im Falle einer Vertragsunterzeichnung Ausfallbürgschaften für die beteiligten deutschen Unternehmen ausstellen. Als 1969 der endgültige Vertrag zwischen der portugiesischen Regierung und ZAMCO unterzeichnet wurde, übernahm die bundeseigene KfW daher Bürgschaften in der Höhe von 404,5 Mio. DM. Das Volu-

[413] Vgl.: El-Khawas, S. 26 und Isaacman; Isaacman, S. 64.

[414] Vgl.: Afrika-Informationen 1969/11, S. 8, El-Khawas, S. 26 und Isaacman; Isaacman, S. 64.

[415] Vgl.: Isaacman; Isaacman, S. 57 und S. 70. Zu den Arbeitsumständen der afrikanischen Arbeiter vgl. ebd., S. 73–94.

men der bundesdeutschen Exporte und Leistungen lag damit nur knapp hinter dem der Franzosen zurück, welches 423 Mio. DM betrug.[416]

Angesichts der massiven Proteste und Kritik zog Bundeskanzler Brandt 1970 einen Rückzug der offiziellen deutschen Unterstützung in Erwägung. 1969 hatte das schwedische Elektrotechnikunternehmen ASEA seinen Ausstieg aus dem Konsortium angekündigt, wodurch der ZAMCO-Vertrag mit den deutschen Firmen in Gefahr geriet, stattdessen an einen US-amerikanischen Konzern vergeben zu werden. Um das lukrative Geschäft zu retten, beabsichtigte Siemens, den Anteil der Schweden zu übernehmen und fragte bei der Bundesregierung an, ob auch hierfür Hermes-Bürgschaften in Höhe von weiteren 140 Mio. DM zu erhalten seien. Die Brandt-Regierung sah sich nun von beiden Seiten bedrängt: Einerseits von den Kritikern, die den völligen Rückzug deutscher Unternehmen aus dem Projekt forderten und andererseits von Siemens und den Wirtschafts- und Industrieverbänden, die ein verstärktes Engagement der Bundesrepublik verlangten. Hinzu kamen die Verpflichtungen, die Bonn gegenüber Paris und Lissabon eingegangen war.[417] Brandt versuchte, einen Kompromiss zu schließen. Die Bundesregierung kündigte Ende Juli 1970 an, die bestehenden Zusagen einzuhalten, jedoch keine neuen Verpflichtungen einzugehen. Dieser Schritt war ungenügend, um die Kritik am Projekt und der Haltung der Bundesregierung zu mildern. Brandt legitimierte die Entscheidung mit den bereits im Vorfeld getätigten Zusagen gegenüber den Partnern in Frankreich und Portugal, zu denen die Bundesrepublik stehen müsse. Die deutschen Unternehmen orientierten sich derweil neu und erhielten die benötigte finanzielle Deckung von der südafrikanischen Regierung und einem privaten Bankenkonsortium unter Leitung der Deutschen Bank.[418]

Wie im dritten Kapitel gezeigt wurde, entwickelte sich der Staudammbau im Nordwesten Moçambiques in den Jahren nach 1970 zum bevorzugten Ziel der Kritik an der Bundesregierung und ihrer Position gegenüber Portugal und der Kolonialproblematik. Ende 1970 bezeichnete beispielsweise der FRELIMO-Vizepräsident Marcelino dos Santos in einem Interview mit dem SPIEGEL die Beteiligung westdeutscher Firmen als eine direkte Hilfe für die portugiesische Kolonialpolitik. Die Position der Bundesregierung in der Cabora-Bassa-

[416] Vgl.: Lopes, S. 110–111.
[417] Vgl.: Ebd., S. 112–113.
[418] Vgl.: Lopes, S. 113–114.

Frage hatte Westdeutschland in den Augen vieler Afrikaner eindeutig als Kollaborateur der portugiesischen Kolonialpolitik entlarvt.[419]

Die Brandt-Regierung zog ebenfalls ihre Konsequenzen. Fortan wurde zunehmend Zurückhaltung bei der Vergabe öffentlicher Unterstützung für wirtschaftliche Unternehmungen im südlichen Afrika geübt.[420]

5.5 Zusammenfassung

Die Bundesrepublik Deutschland stieg in den 1960er-Jahren zu einem der wichtigsten wirtschaftlichen Partner Portugals und der portugiesischen Kolonie Angola auf. Anfang bis Mitte des Jahrzehnts lockerte die portugiesische Regierung ihre protektionistische Wirtschaftspolitik und versuchte Investoren anzulocken, um die Wirtschaft in der Metropole und in Übersee zu modernisieren und zum Wachstum anzuregen. Dadurch sollten die Kosten des Krieges in den Ultramar-Gebieten aufgefangen und die Lebensbedingungen der Bevölkerung verbessert werden, um das koloniale Projekt zu festigen und den afrikanischen Befreiungsbewegungen die soziale Basis zu nehmen.

Seit Anfang der 1960er-Jahre war die bundesdeutsche Wirtschaft der wichtigste Lieferant Portugals. Ab 1967 konkurrierte der deutsche Außenhandel auch in Angola mit den USA um die Position des wichtigsten Lieferlandes, das nicht in der Escudo-Zone lag. Während die Relevanz dieser Handelsbeziehung für die Bundesrepublik – gemessen am Gesamtvolumen des Außenhandels – eher gering war, hatten sie für Portugal und Angola enorme Bedeutung. Deutsche Fahrzeuge, Maschinen, Werkzeuge und Chemieprodukte halfen in der Metropole und in Übersee, ein enormes Wirtschaftswachstum von jährlich 7 % anzuregen und eine rasante Industrialisierung zu realisieren. Westdeutsche Unternehmen verdienten dabei mit, investierten kräftig in der portugiesischen Metropole und gründeten Zweigstellen und Tochterunternehmen vor Ort. Die wirtschaftlichen Beziehungen mit Angola konzentrierten sich hingegen mehr auf den Handel und die Lieferung von Industriegütern. Es gab aber auch hier eine Handvoll bundesdeutscher Unternehmen vor Ort, vor allem die führenden deutschen Chemiekon-

[419] Vgl.: »Unsere Kugeln werden treffen« vom 23. November 1970, in: DER SPIEGEL 1970/48 und Engel, S. 58.
[420] Vgl.: Lopes, S. 114, Anm. 85.

zerne, doch war deren Bedeutung für die wirtschaftlichen Beziehungen insgesamt eher gering.

Wie die Geschichte von Krupps Cassinga-Projekt zeigte, scheute sich die Bundesregierung zu Beginn der 1960er-Jahre, die wirtschaftliche Entwicklung Angolas offiziell zu unterstützen. Um einen Imageschaden für Westdeutschland bei den »afro-asiatischen« Staaten zu vermeiden, hatte das AA zu Beginn des Krieges in Angola empfohlen, offizielle Förderungen der Bundesrepublik nur auf die portugiesische Metropole zu konzentrieren, um nicht als Unterstützer der Kolonialpolitik Lissabons zu erscheinen. Dementsprechend unterstützte Bonn zwischen 1961 und 1968 Infrastruktur und Entwicklungsprogramme in Portugal mit Finanzierungshilfen von insgesamt 335 Mio. DM. Durch diese finanzielle Entlastung des portugiesischen Staatshaushaltes wurden jedoch anderswo Mittel frei, die Lissabon nun für den Militäreinsatz in Afrika verwenden konnte.

Auch die Zurückhaltung in Bezug auf die wirtschaftlichen Beziehungen zu Angola hielt nicht lange an. Ende 1961, als sich die internationale Aufmerksamkeit nicht mehr auf den Kriegsausbruch in Portugals größter Kolonie konzentrierte, gewährte Bonn dem Essener Stahlkonzern Krupp Exportbürgschaften und damit den offiziellen Segen für das Geschäft mit dem Eisenerz in Angola. Entgegen der Darstellung Krupps, man liefere nur Maschinen und beteilige sich nicht am Abbau des Eisenerzes, konnte gezeigt werden, dass das Essener Unternehmen durch den Aufbau einer modernen Bergwerksindustrie Lissabons koloniale Pläne unterstützte und sich durch die Rückerstattung der Investitionen in Form von Eisenerzlieferungen aus Cassinga sehr wohl an der Ausbeutung Angolas beteiligte.

Im Laufe der 1960er-Jahre erteilte die jeweilige Bundesregierung Ausfuhrgarantien für eine Vielzahl deutscher Lieferungen in die portugiesische Kolonie. Westdeutsche Banken halfen, das Staudammprojekt am Cunene River in Angola zu finanzieren, und Bonn unterstützte die Beteiligung deutscher Unternehmen am Cabora-Bassa-Projekt in Moçambique, dem größten und meistkritisierten Infrastrukturprojekt Lissabons in Afrika.

Besonders für die Unterstützung des Staudammbaus in Moçambique wurde die Bundesrepublik von afrikanischen Staaten attackiert. Studentische und zivil-gesellschaftliche Gruppen in Deutschland kritisierten die portugalfreundliche Wirtschaftspolitik und die engen Beziehungen Bonns mit Portugal und Südafrika. Bundeskanzler Willy Brandt versuchte das wirtschaftliche Engagement Westdeutschlands immer wieder zu legitimieren, indem er betonte, die Bundesrepublik sei auf Exporte angewiesen.[421] Bereits als Außenminister hatte Brandt versucht, die wirtschaftlichen Beziehungen Bonns zu Lissabon und Pretoria herunterzuspielen und eine Trennung zwischen Wirtschaft und Politik zu suggerieren: »Wir haben außerdem seit langem die Erfahrung gewonnen, daß man Handel und Politik nicht ohne Not koppeln soll. Deshalb sind wir für den Ausbau der Wirtschaftsbeziehungen selbst zu solchen Staaten, mit denen wir erhebliche politische Kontroversen haben.«[422]

Die nationale und internationale Kritik und Uneinigkeiten innerhalb der Brandt-Regierung zwischen dem Portugal-kritischen BMZ unter Erhard Eppler einerseits und den BMWi und dem eher wirtschaftsfreundlichen AA andererseits schränkten die wirtschaftliche Beziehung zu Portugal in den 1970er-Jahren etwas ein.[423]

Bonn war stets bemüht, durch die wirtschaftliche Zusammenarbeit gute Beziehungen zu Lissabon zu wahren und hoffte, Portugal wirtschaftlich näher an Europa zu binden, um dadurch die Loslösung der Kolonien zu vereinfachen. Durch die enge wirtschaftliche Kooperation und die Beteiligung an Portugals Wirtschaftswachstum in der Metropole und Übersee half die Bundesrepublik, das koloniale Projekt zu verfestigen und die portugiesische Wirtschaft zu befähigen, die Kosten des Krieges länger zu kompensieren.[424]

421 Vgl.: Fonseca, Marcos, S. 130.
422 Willy Brandt am 16. Mai 1968, zitiert nach Grohs, S. 82–83.
423 Vgl.: Lopes, S. 125.
424 Vgl.: Ebd., S. 127.

Schlussbetrachtung

Abschließend sollen nun die Ergebnisse der Analyse der deutsch-portugiesischen Beziehungen auf politischer, wirtschaftlicher und militärischer Ebene zusammengetragen werden, um sie in Relation zu setzen und ihre Bedeutung für Portugals Kriegsanstrengungen abzuschätzen.

Die Untersuchung hat gezeigt, dass sich ab Ende der 1950er-Jahre freundschaftliche Beziehungen zwischen den Regierungen in Bonn und Lissabon entwickelten. Nach dem Kriegsausbruch in Angola standen die Bundesregierungen zu ihren Verbündeten in Lissabon und übten keinerlei öffentliche Kritik an Portugals Ultramar-Politik. Fürsprache oder ein aktiver Einsatz für die portugiesische Seite in der internationalen Öffentlichkeit erfolgte jedoch genauso wenig, da die bundesdeutsche Außenpolitik in einem Dilemma steckte. Um bei einer UN-Abstimmung über das geteilte Deutschland genügend Stimmen für die eigene Sache zu sammeln und den »guten internationalen Ruf« Westdeutschlands zu wahren, war Bonn stets bemüht, ein gutes Verhältnis zu den unabhängigen Staaten Afrikas und Asiens zu wahren. Die engen Beziehungen zu Portugal belasteten diese Versuche. Aus eigenem sicherheitspolitischen Interesse waren die deutschen Diplomaten gleichzeitig daran interessiert, die Kooperation mit dem Regime in Lissabon aufrechtzuerhalten. Trotz verstärkter internationaler Kritik und Angriffen aus den eigenen Reihen setzte auch die sozialliberale Regierungskoalition unter Willy Brandt Anfang der 1970er-Jahre die insgesamt Portugal-freundliche Politik fort. Gerade die Reaktion der Bundesregierung auf den innerdeutschen Diskurs und die Kritik zivilgesellschaftlicher Gruppen zeigt, welche Bedeutung Bonn der Beziehung zu Lissabon beimaß. Zaghafte Versuche der Bundesrepublik, eine diplomatische Lösung des Konfliktes anzuregen, schlugen im Laufe des Jahres 1970 fehl.

Verglichen mit der politischen Unterstützung, die beispielsweise Frankreich der portugiesischen Regierung in internationalen Foren wie den Vereinten Nationen leistete, erscheint der bundesdeutsche Beistand für Portugal eher gering. Auch die USA schränkten ihre öffentliche Kritik an Portugals Kolonialpolitik ab Mitte der 1960er-Jahre wieder ein und stimmten bei den Vereinten Nationen im Sinne Lissabons. Das portugiesische Vorgehen in Afrika wurde zwar zur Zielscheibe heftiger internationaler Anklagen und mehrerer Resolutionen; eine effiziente Durchsetzung der Embargos konnte durch Portugals Verbündete jedoch verhindert werden. Westdeutschland hielt sich aufgrund des außenpolitischen Dilemmas in der internationalen Öffentlichkeit zurück. Hinzu kam, dass die Bundesrepublik erst im September 1973 Vollmitglied der UN wurde. Daher hatten die deutschen Diplomaten Portugal in diesem Forum zuvor keine politische Unterstützung leisten können, waren aber gleichzeitig auch nicht gezwungen, sich öffentlich für oder gegen Portugal auszusprechen.

Von größerer Tragweite als die politische Hilfe war die bundesdeutsche Unterstützung Portugals auf wirtschaftlicher und militärischer Ebene. Hier sollte sich Westdeutschland als Lissabons wichtigster Verbündeter während des Krieges erweisen.

Die Bundesrepublik Deutschland war einer der bedeutendsten wirtschaftlichen Partner Portugals und der portugiesischen Kolonie Angola. Seit Anfang der 1960er-Jahre stand die bundesdeutsche Wirtschaft an erster Stelle der Länder, aus denen Portugal seine Importe bezog. Ab 1967 war Westdeutschland in Konkurrenz mit den USA auch der wichtigste Importeur in Angola, der nicht Teil der portugiesischen Währungszone war. Die Bedeutung des wirtschaftlichen Austausches war für die Bundesrepublik gemessen am Gesamtumfang des Außenhandels zwar gering, für Portugal und die angolanische Wirtschaft aber von enormem Wert.

Die westdeutsche Industrie unterstützte den portugiesischen Wirtschaftsboom durch Technologietransfer und Investitionen. Die Bundesregierung ermöglichte Infrastruktur und Entwicklungsprogramme in Portugal durch großzügige Finanzierungshilfen von insgesamt 335 Mio. DM. Durch die finanzielle Entlastung des portugiesischen Haushaltes wurden andere Mittel frei, die Lissabon nun für den Militäreinsatz in Afrika verwenden konnte. Die Bundesrepublik war zwar nicht der größte Abnehmer der portugiesischen Exporte oder Portugals wichtigste Devisenquelle, aber dafür der führende Importeur von Technologie und Maschinen, die die Industrialisierung der Wirtschaft in der Metropole und den Kolonien ermöglichten. Dies bewirkte ein Wirtschaftswachstum, welches Portugal in die Lage versetzte, die enormen finanziellen Belastungen des Krieges über einen längeren Zeitraum tragen zu können.

Ganz im Sinne der Exportwirtschaft unterstützte die Bundesregierung westdeutsche Unternehmen durch Ausfuhrgarantien für Lieferungen in das portugiesische Überseegebiet Angola. Die Beispiele des Krupp-Geschäfts mit angolanischem Eisenerz und des Cabora-Bassa-Staudamms zeigten deutlich, wie deutsche Firmen beim Aufbau der

Wirtschaft Angolas und bei der Realisierung von Infrastrukturprojekten in Afrika halfen, die der Festigung der portugiesischen Kolonialherrschaft dienten.

Der wichtigste Aspekt der deutsch-portugiesischen Zusammenarbeit aber war bei Weitem die Kooperation im militärischen Bereich, denn die grundlegende strukturelle Modernisierung der portugiesischen Armee ab Ende der 1950er-Jahre ermöglichte es Lissabon überhaupt erst, 13 Jahre Krieg in Afrika zu führen.[425] Es wurde gezeigt, dass die Bundesrepublik Portugal bei der Modernisierung der portugiesischen Rüstungsindustrie und der zeitgemäßen Ausrüstung der Streitkräfte entscheidend unterstützte.

Als Ausgleich für den Bau eines deutschen Luftwaffenstützpunktes und militärischer Infrastruktur für die Bundeswehr in Portugal lieferte Westdeutschland modernes Rüstungsmaterial sowie Produktionsmittel und die entsprechende Technologie für portugiesische Waffen- und Munitionsfabriken. Die westdeutsche Hilfe beim Aufbau der Rüstungsindustrie ermöglichte es Portugal, selbst moderne Waffen und Munition herzustellen. Das deutlichste Beispiel ist die Lizenz für die Produktion des modernen Schnellfeuergewehres G3, das die Standardwaffe der portugiesischen Soldaten in Afrika wurde.

Aus Deutschland stammte nicht nur die Technologie zur Produktion von Waffen. Die portugiesischen Waffen- und Munitionsfabriken waren über die gesamte Dauer des Krieges in Afrika auch von Zulieferungen aus der Bundesrepublik abhängig. Wie der portugiesische Verteidigungsminister Gomes de Araújo 1967 gegenüber Beamten des AA ausführte, war Portugal in Rüstungsfragen unbedingt auf die Hilfe Westdeutschlands angewiesen.[426]

Und die Bundesrepublik half und exportierte. Ohne die Importe entsprechender Teile und Produkte wäre die Herstellung der Waffen in Portugal nicht möglich gewesen, wie die Produktionsschwierigkeiten des Jahres 1973 beweisen, die aufgrund ausbleibender Lieferungen aus westdeutschen Waffenfabriken auftraten. Die deutsche Wirtschaft lieferte nicht nur die benötigten Teile für die Gewehrproduktion, sondern auch Anlagen und Rohstoffe für die Herstellung von verschiedenen Arten von Munition, Handgranaten und anderen Rüstungsgütern.

Hallbauer folgert aus der Hilfe der Bundeswehr und der deutschen

425 Vgl.: Telo, Portugal e a NATO, S. 342.

426 Vgl.: AAPD, 1967, Bd. III, Dok. 421, S. 1613–1616: 7. Dezember 1967: Aufzeichnungen von Schwörbel, S. 1613, Anm. 3.

Rüstungsindustrie für Portugals Waffenfabriken, dass die Unterstützung durch Westdeutschland die wichtigste aller NATO-Staaten in Bezug auf Kleinwaffen und Munition gewesen sei.[427] Doch Portugal erhielt nicht nur Gewehre und Munition aus der Bundesrepublik. Deutsche Rüstungslieferungen stellten auch einen Großteil des militärischen Großgerätes der portugiesischen Truppen in Angola und den anderen Überseegebieten. Die meisten Flugzeuge und Lkw, die in Angola zum Einsatz kamen, stammten aus Westdeutschland. Auch hier kam die angesprochene wirtschaftsfreundliche Exportpolitik der Bundesregierung zum Tragen.

Die einzige in Qualität und Umfang mit der Bundesrepublik vergleichbare Unterstützung erhielt Portugal aus Frankreich, das ebenfalls beachtliche Mengen an Rüstungsmaterial lieferte. Französische Unternehmen waren Portugals wichtigste Lieferanten für Hubschrauber, verkauften Schiffe und Panzerfahrzeuge und erteilten die Lizenzen für die Produktion von Mörsern und Raketen in portugiesischen Fabriken. Als Gegenleistung erhielten die französischen Streitkräfte einen Stützpunkt auf den Azoreninseln. Wie bereits erwähnt, stand die Regierung in Paris während der 1960er-Jahre auch in der internationalen Öffentlichkeit für die portugiesische Sache ein und votierte bei den Vereinten Nationen stets im Sinne Lissabons.

Der Krieg wurde aber nicht in den Sitzungssälen der UNO geführt, sondern in Guinea-Bissau, Moçambique und Angola. Dort nutzten die portugiesischen Soldaten in erster Linie Rüstungsgüter, die mit deutscher Lizenz produziert worden waren oder aus der Bundesrepublik stammten. Flugzeuge aus Westdeutschland stellten den bedeutendsten Teil der portugiesischen Luftstreitkräfte in den Kolonien, ebenso wie deutsche Lkw die Mehrheit des Fuhrparks in Angola bildeten. Die für einen Guerillakrieg grundlegenden Gewehre und Munition wurden mit deutscher Hilfe produziert.

Des Weiteren waren die wirtschaftlichen Verbindungen zwischen Portugal und der Bundesrepublik wesentlich größer als die portugiesisch-französische Zusammenarbeit auf diesem Gebiet. Französische Firmen beteiligten sich zwar ebenfalls am Bau des Cabora-Bassa-Staudamms, eine ähnlich bedeutende Rolle in den Investitions- und Handelsstatistiken Portugals und Angolas wie die bundesdeutsche Wirtschaft spielten französische Unternehmen und Im- und Exporte nach Frankreich aber zu keinem Zeitpunkt.

[427] Vgl.: Hallbauer, S. 220.

Bonn war sich über den Einsatz von Waffen und Rüstungsmaterial aus Westdeutschland durch portugiesische Soldaten in Afrika im Klaren. Um der internationalen Kritik zu begegnen, versuchte die Bundesrepublik mithilfe der vertraglich vereinbarten Endverbleibsklausel ab 1965 vergeblich, den Einsatz deutschen Materials in Afrika zu verhindern. Einen Stopp der Rüstungsexporte wagte jedoch keine der Bundesregierungen.

Denn Bonn nutzte die Rüstungslieferungen ebenso wie die wirtschaftlichen Kontakte, um eine freundschaftliche Beziehung zu Lissabon zu bewahren. Durch die deutsch-portugiesische Zusammenarbeit sollte die Mitgliedschaft des geostrategisch bedeutenden Portugals in der NATO sichergestellt werden und für die Bundeswehr wurde die Möglichkeit geschaffen, einen Stützpunkt in Portugal zu errichten. Auch wenn das Projekt Mitte der 1960er-Jahre seine eigentliche Bedeutung einbüßte, hielt man in Bonn über das Ende des Estado Novo hinaus daran fest.

Portugals Interesse an der Kooperation mit der Bundesrepublik Deutschland lag ganz klar in der deutschen Hilfe bei der Ausrüstung der Streitkräfte und in der wirtschaftlichen Zusammenarbeit. Beides waren wichtige Aspekte für die portugiesischen Kriegsanstrengungen.

Die Analyse hat gezeigt, dass die deutsch-portugiesische Kooperation über den Zeitraum von 13 Jahren Krieg in Afrika der Bundesrepublik zu Recht den Ruf als Unterstützer des portugiesischen Kolonialismus einbrachte. Die politische Praxis der Bonner Regierungen lag weit entfernt von der antikolonialen Rhetorik deutscher Politiker, die das Recht auf Selbstbestimmung immer wieder betonten. Heftige internationale Kritik an der westdeutschen Politik gegenüber Portugal bereitete den Beamten im AA Kopfschmerzen. Trotzdem hielten die westdeutschen Regierungen an ihrem Kurs fest, genehmigten weitere Exporte und wagten es nicht, den NATO-Partner Portugal öffentlich zu kritisieren.[428] Die Unterstützung aus Westdeutschland ermöglichte es dem Regime in Lissabon, den Krieg so lange zu führen, bis er schließlich durch die Nelkenrevolution auf die Metropole zurückschlug. Für Angola, die Zivilbevölkerung und die Befreiungsbewegungen bedeutete das wiederum mehr Leid und mehr Opfer sowie größere Anstrengungen, um den Kampf fortzusetzen.

Nach der Nelkenrevolution spielten die Bundesrepublik und die Kontakte zwischen deutschen und portugiesischen Parteien eine wich-

[428] Vgl.: Schroers, S. 72–74.

tige Rolle im Wandel Portugals von der rechtskonservativen Diktatur hin zu einer westlichen Demokratie. Dank der europäischen Integration intensivierten sich die deutsch-portugiesischen Beziehungen weiter. Das Verhältnis zwischen Portugal und Angola wurde durch die hastige Dekolonisierung 1975 und den jahrzehntelangen angolanischen Bürgerkrieg unterbrochen. Heute leben infolge der internationalen Finanz- und Schuldenkrise von 2008, die Portugal sehr hart traf, wieder 130.000 Portugiesen in Angola, welches den reichen Erdölvorkommen eine boomende Wirtschaft verdankt. 7000 portugiesische Firmen operieren in Angola und das Land ist (wieder) der viertwichtigste Abnehmer portugiesischer Exporte.[429]

Die Untersuchung hat gezeigt, welche grundlegende Bedeutung die Zusammenarbeit zwischen Portugal und der Bundesrepublik Deutschland für die portugiesischen Kriegsanstrengungen hatte. Doch der Aspekt des internationalen Einflusses auf den Dekolonisierungsprozess der portugiesischen Territorien in Afrika ist bei Weitem nicht abschließend behandelt. Weitere Forschungen sind nötig, um zum Beispiel zu untersuchen, welche internationalen Verbindungen die Befreiungsbewegungen pflegten. Wer unterstützte sie in ihrem Kampf gegen die portugiesische Kolonialherrschaft? Auch eine nähere Untersuchung des innerdeutschen Diskurses und der an Protest und Kritik beteiligten zivilgesellschaftlichen Gruppen wäre, vielleicht auch im Hinblick auf die zeitgleich stattfindenden Proteste gegen das Apartheidregime in Südafrika, sicherlich spannend.

[429] Vgl.: Bernecker; Pietschmann, S. 133–137.

Quellen- und Literaturverzeichnis

Ungedruckte Quellen:

Politisches Archiv des Auswärtigen Amtes (PA AA), Berlin.
B 14, Bd. 1890
B 26, Bd. 71
B 26, Bd. 72
B 26, Bd. 111
B 26, Bd. 113
B 26, Bd. 114
B 26, Bd. 192
B 26, Bd. 316
B 26, Bd. 400
B 26, Bd. 445
B 26, Bd. 446
B 26, Bd. 447
B 34, Bd. 274
B 34, Bd. 517
B 34, Bd. 602
B 34, Bd. 858
B 57, Bd. 757
B 57, Bd. 918
B 58, Bd. 449
Zwischenarchiv, Bd. 102 570

Gedruckte Quellen:

Afrika-Bericht. Die Afrika Wirtschaft 1960/61, hrsg. v. *Afrika-Verein e.V.*, Hamburg 1961.
Afrika-Bericht. Die Afrika Wirtschaft 1962/63, hrsg. v. *Afrika-Verein e.V.*, Hamburg 1963.
Afrika-Bericht. Die Afrika Wirtschaft 1963/64, hrsg. v. *Afrika-Verein e.V.*, Hamburg 1964.
Afrika-Bericht. Die Afrika Wirtschaft 1972/73, hrsg. v. *Afrika-Verein e.V.*, Hamburg 1974.
Afrika-Informationen aus Wirtschaft, Politik und Recht, Mitgliederschreiben des *Afrika-Verein e.V.*, Hamburg.
Boletim Geral do Ultramar, hrsg. v. *Agência Geral do Ultramar*, Lissabon.
DER SPIEGEL, hrsg. v. *Spiegel-Verlag*, Hamburg.
DIE ZEIT, hrsg. v. *Zeitverlag*, Hamburg.
Institut für Zeitgeschichte; Auswärtiges Amt der Bundesrepublik Deutschland

(Hrsg.): Akten zur Auswärtigen Politik der Bundesrepublik Deutschland (AAPD) – 1962 (3 Bände), München 2010.

Institut für Zeitgeschichte; Auswärtiges Amt der Bundesrepublik Deutschland (Hrsg.): Akten zur Auswärtigen Politik der Bundesrepublik Deutschland (AAPD) – 1963 (3 Bände), München 1994.

Institut für Zeitgeschichte; Auswärtiges Amt der Bundesrepublik Deutschland (Hrsg.): Akten zur Auswärtigen Politik der Bundesrepublik Deutschland (AAPD) – 1965 (3 Bände), München 1996.

Institut für Zeitgeschichte; Auswärtiges Amt der Bundesrepublik Deutschland (Hrsg.): Akten zur Auswärtigen Politik der Bundesrepublik Deutschland (AAPD) – 1966 (2 Bände), München 1997.

Institut für Zeitgeschichte; Auswärtiges Amt der Bundesrepublik Deutschland (Hrsg.): Akten zur Auswärtigen Politik der Bundesrepublik Deutschland (AAPD) – 1967 (3 Bände), München 1998.

Institut für Zeitgeschichte; Auswärtiges Amt der Bundesrepublik Deutschland (Hrsg.): Akten zur Auswärtigen Politik der Bundesrepublik Deutschland (AAPD) – 1969 (2 Bände), München 2000.

Institut für Zeitgeschichte; Auswärtiges Amt der Bundesrepublik Deutschland (Hrsg.): Akten zur Auswärtigen Politik der Bundesrepublik Deutschland (AAPD) – 1971 (3 Bände), München 2002.

Institut für Zeitgeschichte; Auswärtiges Amt der Bundesrepublik Deutschland (Hrsg.): Akten zur Auswärtigen Politik der Bundesrepublik Deutschland (AAPD) – 1972 (3 Bände), München 2003.

Institut für Zeitgeschichte; Auswärtiges Amt der Bundesrepublik Deutschland (Hrsg.): Akten zur Auswärtigen Politik der Bundesrepublik Deutschland (AAPD) – 1973 (3 Bände), München 2004.

Statistisches Bundesamt Wiesbaden: Aussenhandel – Reihe 8 Aussenhandel des Auslandes: Angola, Stuttgart/Mainz 1967.

Statistisches Bundesamt Wiesbaden: Aussenhandel – Reihe 8 Aussenhandel des Auslandes: Portugal, Stuttgart/Mainz 1966.

Teixeira, Fernando: A História do Ferro de Cassinga, in: Boletim Geral do Ultramar, Jg. XLIII, Nr. 507 (1967), S. 15–35.

Literatur:

Afonso, Aniceto; *Gomes, Carlos de Matos*: Guerra Colonial, 2. Aufl., Lissabon 2000.

Aires Oliveira, Pedro: Os Despojos da Aliança – A Grãe-Bretanha e a questão colonial portuguesa 1945–1975, Lissabon 2007.

Alexandre, Valentim: O Império Colonial, in: Pinto, António Costa (Hrsg.): Portugal contemporâneo, Lissabon 2004, S. 67–87.

Bernecker, Walther L.; *Pietschmann, Horst*: Geschichte Portugals – Vom Spätmittelalter bis zur Gegenwart, 3. aktualisierte u. erweiterte Aufl., München 2014.

Bösch, Frank; *Danyel, Jürgen*: Die Zeitgeschichtsforschung und ihre Methoden, in Dies. (Hrsg.): Zeitgeschichte – Konzepte und Methoden, Göttingen 2012, S. 9–21.

Cann, John P.: Counterinsurgency in Africa. The Portuguese Way of War, 1961–1974, Westport 1997.

Castelo, Cláudia: »O Modo Portugues de Estar do Mundo«. O luso-tropicalismo e ideologia colonial portuguesa (1933–1961), Porto 1999.

Clarence-Smith, Gervase: The third Portuguese empire 1825–1975. A study in economic imperialism, Manchester 1985.

El-Khawas, Mohamed: Foreign Economic Involvement in Angola and Mozambique, in: Issue: A Journal of Opinion, Bd. 4, Nr. 2 (1974), S. 21–28.

Engel, Ulf: Die Afrikapolitik der Bundesrepublik Deutschland 1949–1999. Rollen und Identitäten, Hamburg 2000.

Engel, Ulf; *Schleicher, Hans-Georg*: Die beiden deutschen Staaten in Afrika. Zwischen Konkurrenz und Koexistenz 1949–1990, Hamburg 1998.

Estado-Maior do Exército: Resenha Histórico-Militar Das Campanhas de África 1961–1974, Vol. 6 Aspecto da Actividade Operacional, Nr. 1 Angola Bd. 1, Lissabon 1998.

Estado-Maior do Exército: Resenha Histórico-Militar Das Campanhas de África 1961–1974, Vol. 6, Aspecto da Actividade Operacional, Nr. 1 Angola Bd. 2, Lissabon 2006.

Ferreira, Eduardo de Sousa: Strukturen der Abhängigkeit, Frankfurt am Main 1975.

Fonseca, Ana Mónica: A Força das Armas. O Apoio da República Federal da Alemanha ao Estado Novo (1958–1968), Lissabon 2007.

Fonseca, Ana Mónica; *Marcos, Daniel*: Portugal, a RFA e a França: O apoio internacional e a questão colonial portuguesa, in: *Bandeira Jerónimo, Miguel*; *Costa Pinto, António* (Hrsg.): Portugal e o Fim do Colonialismo. Dimensões Internacionais, Lissabon 2014, S. 111–134.

Grässlin, Jürgen: Schwarzbuch Waffenhandel. Wie Deutschland am Krieg verdient, München 2013.

Grohs, Gerhard: Die Unterstützung der portugiesischen Afrika-Politik durch die Bundesregierung, in: *Bley, Helmut*; *Tetzlaff, Rainer* (Hrsg.): Afrika und Bonn. Versäumnisse und Zwänge deutscher Afrika-Politik, Reinbek bei Hamburg 1978, S. 70–87.

Haas, Stefan: Theoriemodelle der Zeitgeschichte, in: *Bösch, Frank*; *Danyel, Jürgen* (Hrsg.): Zeitgeschichte – Konzepte und Methoden, Göttingen 2012, S. 67–83.

Hallbauer, Bastian: Die Beziehungen der Bundesrepublik Deutschland und Portugal im Zeitalter der Dekolonisation (1960–1974), unveröffentlichte Dissertation, Hamburg 2014.

Heintze, Beatrix: Studien zur Geschichte Angolas im 16. und 17. Jahrhundert, Köln 1996.

Isaacman, Allen F.; *Isaacman, Barbara S.*: Dams, Displacement, and the Delusion of Development, Athens (Ohio) 2013.

Kersten, Manfred; *Schmid, Walter*: Heckler & Koch. Die offizielle Geschichte der Oberndorfer Firma Heckler & Koch, Wuppertal 1999.

Knight, W. Andy: The United Nations and Arms Embargoes Verification, New York 1998.
Leimgruber, Walter: Kalter Krieg um Afrika. Die amerikanische Afrikapolitik unter Präsident Kennedy 1961–1963, Stuttgart 1990.
Lopes, Rui: West Germany and the Portuguese Dictatorship 1968–1974, Hampshire 2014.
Marcos, Daniel: Salazar e de Gaulle. A França e a Questão Colonial Portuguesa (1958–1968), Lissabon 2007.
Marcum, John: The Angolan Revolution, Vol. I: The Anatomy of an Explosion (1950–1962), Cambridge 1969.
Mateus, Dalila Cabrita: A PIDE/DGS na Guerra Colonial (1961–1974), Lissabon 2004.
Minter, William: Portuguese Africa and the West, Harmondsworth 1972.
Pernau, Margrit: Transnationale Geschichte, Göttingen 2011.
Pimenta, Fernando Tavares: Portugal e o Século XX. Estado-Império e Descolonização (1890–1975), Porto 2010.
Ribeiro de Meneses, Felipe; *McNamara, Robert*: Exercise ALCORA: Expansion and Demise, 1971–4, in: The International History Review, Bd. 36, Nr. 1 (2014), S. 89–111.
Ribeiro de Meneses, Felipe; *McNamara, Robert*: Parallel Diplomacy, Parallel War: The PIDE/DGS's Dealings with Rhodesia and South Africa, 1961–74, in: Journal of Contemporary History Bd. 49 (2014), S. 366–389.
Ribeiro de Meneses, Felipe; McNamara, Robert: The Origins of Exercise ALCORA, 1960–1971, in: The International History Review, Bd. 35, Nr. 5 (2013), S. 1113–1134.
Russell-Wood, A. J. R.: Iberian Expansion and the Issue of Black Slavery: Changing Portuguese Attitudes 1440–1770, in: The American Historical Review, Bd. 83, Nr. 1 (1978), S. 16–42.
Schneidman, Witney W.: Engaging Africa: Washington and the Fall of Portugal's Colonial Empire, Lanham 2004.
Schroers, Thomas: Die Entwicklung der Beziehungen der Bundesrepublik Deutschland zur Portugiesischen Republik (1949–1976), Dissertation, Hamburg 1998.
Schümer, Martin: Die Wirtschaft Angolas 1973–1976 – Ansätze einer Entwicklungsstrategie der MPLA-Regierung, Hamburg 1977.
Sitte, Fritz: Flammenherd Angola, Wien 1972.
Tavares, João Moreira: Indústria Militar Portuguesa. No tempo da guerra 1961–1974, Casal de Cambra 2005.
Teixeira, Nuno Severiano: Entre a África e a Europa: A Politica Externa Portuguesa, 1890–2000, in: *Costa, António* (Hrsg.): Portugal contemporâneo, Lissabon 2004, S. 87–116.
Telo, António José: As Guerras de África e a Mudança nos Apoios Internacionais de Portugal, in: *Nobre Vargues, Isabel* (Hrsg.): Do Estado Novo ao 25 de Abril, Revista de História das Ideias, Bd. 16, Coimbra 1994, S. 347–369.
Telo, António José: Portugal e a NATO: o reencontro da tradição atlântica, Lissabon 1996.

Thornton, John K.: The Portuguese in Africa, in: *Bethencourt, Francisco; Ramada Curto, Diogo* (Hrsg.): Portuguese Oceanic Expansion 1400–1800, Cambridge 2007, S. 138–160.
Torgal, Luís Reis: Salazarimso, Alemanha e Europa. Discursos políticos e culturais, in: *Nobre Vargues, Isabel* (Hrsg.): Do Estado Novo ao 25 de Abril, Revista de História das Ideias, Bd. 16, Coimbra 1994, S. 73- 104.
Walden, Hans: Wie geschmiert. Rüstungsproduktion und Waffenhandel im Raum Hamburg. Ein Schwarzbuch, Hamburg 1997.
Weis, Wolfgang: Hermesbürgschaften. Ein Instrument deutscher Außenpolitik? Eine Fallstudie zum Verhältnis von Außenpolitik und Außenwirtschaftspolitik, Dissertation, München 1990.
Weisbrode, Kenneth: Old Diplomacy Revisited, New York/Houndmills 2014.
Zimmerer, Jürgen: »Der bestregierte Staat Europas«: Salazar und sein »Neues Portugal« im konservativen Abendland-Diskurs der frühen Bundesrepublik Deutschland, in (6. Deutsch-Portugiesisches Arbeitsgespräch), Bd. 1, Braga 2003, S. 81–101.

Internet:

https://cc3413.wordpress.com/2009/07/05/os-burros-do-mato/, überprüft am 26. Januar 2016.